하나님의 말씀에서 찾은 인간의 건강

하나님의 말씀에서 찾은 인간의 건강

지은이: 이성로
펴낸이: 원성삼
펴낸곳: 예영커뮤니케이션
책임편집: 김지혜
표지디자인: 변현정
초판 1쇄 발행: 2014년 12월 9일

출판신고 1992년 3월 1일 제2-1349호
136-825 서울시 성북구 성북로6가길 31
Tel (02)766-8931 Fax (02)766-8934

ISBN 978-89-8350-904-8(93230)

정가 11,000원

www.jeyoung.com

이 도서의 국립중앙도서관 출판예정도서목록(CIP)은 서지정보유통지원시스템 홈페이지
(http://seoji.nl.go.kr)와 국가자료공동목록시스템(http://www.nl.go.kr/kolisnet)에서 이용
하실 수 있습니다.(CIP제어번호: CIP2014033290)

이르시되 너희가 너희 하나님 나 여호와의 말을 들어 순종하고 내가 보기에 의를 행하며
내 계명에 귀를 기울이며 내 모든 규례를 지키면 내가 애굽 사람에게 내린 모든 질병 중
하나도 너희에게 내리지 아니하리니 나는 너희를 치료하는 여호와임이라(출 15:26).

성경적인 근거로 본 신앙과 건강의 상관 관계

하나님의 말씀에서 찾은 인간의 건강

이성로 지음

하나님의 말씀과 건강의 관계성에서 찾은

건강 돌보기를 위한
생명 보전의 진리!

예영커뮤니케이션

이르시되 너희가 너희 하나님 나 여호와의 말을 들어 순종하고 내가 보기에 의를 행하며 내 계명에 귀를 기울이며 내 모든 규례를 지키면 내가 애굽 사람에게 내린 모든 질병 중 하나도 너희에게 내리지 아니하리니 나는 너희를 치료하는 여호와임이라(출 15:26).

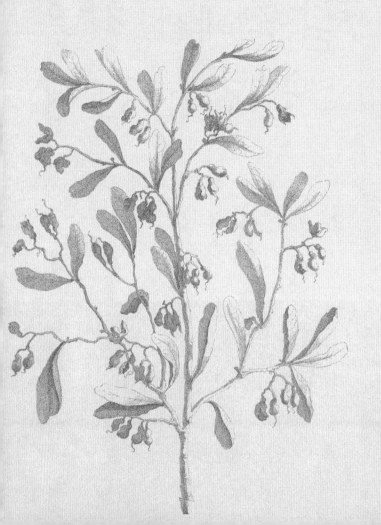

추천사

이승현

대전신학대학교 구약학 교수

　이성로 목사는 학교 다닐 때에 우리 반에서 가장 히브리어를 잘 하던 분이었다. 그래서 히브리어를 꽤 잘 한다고 알려진 사람도 그에게 찾아가 묻곤 하는 것을 보았다. 장차 훌륭한 구약학자가 되리라 예상하였는데, 이 목사는 목회 쪽으로 방향을 잡았다. 그 후 구로제일교회에서 목회를 잘 하는 줄 알았는데, 어느 날 이스라엘에서 만난 이 목사가 이스라엘의 지리에 대해 나보다 더 훤하게 알고 있는 것을 보고 놀랐다. 최근에는 그가 러시아 카프카즈 지역에 24개나 되는 교회를 개척하고 복음을 전하게 했을 뿐 아니라 그 지역에 농사 기술을 가르쳐 엄청난 부촌으로 만들었고, 선교비가 필요 없는 교회로 만들었다는 소식을 들었다. 이 책에는 그 과정이 조금 소개되어 있고, 신앙과 건강의 상관 관계에 대한 연구를 하면서 성경적인 근거까지 제시하였다.

그러므로 이 책은 우리 같은 학인들은 도대체 무엇을 했던가 하는 생각이 들게 하는 책이다. 창조과학회의 연구 결과와 신학자들의 연구 결과, 효소 농법에 대한 연구 등, 우리가 보고 감탄할 내용이 이 책에는 많이 실려 있다. 목회자들과 평신도들이 읽으면 영감을 얻을 수 있을 것이다.

추천사

한상휘
대한예수교장로회총회 신성교회 원로, 영등포노회 공로 목사

오늘 세상 사람들은 누구나 건강하고 무병장수를 바라며 살고 있는데 그 원리와 사실을 이 책에서 밝히고 있습니다. 이 책을 저술한 이성로 목사의 은혜롭고 진솔한 글이 성경을 기초로 하여 나오게 된 것을 기쁘게 생각합니다. 이 목사를 신학교 시절부터 지금까지 가까이 지내면서 느끼는 것은 그는 변함이 없는 신앙가요, 목회 40년 성상(星霜)에서 구로제일교회를 27년 동안 새 성전을 건축하여 일천여 명의 성도로 성장시키신 분이라는 것입니다. 또한 그는 러시아 선교에 앞장서서 24개 교회를 설립하여 자립교회로 성장시키시고 『자립선교 가능하다』(도서출판 중국지로, 2013년)라는 저서를 비롯하여 두 권의 책을 저술했습니다. 그는 호남장신대학교와 장로회신학대학교, 그레이스신학대학교에서 선교학 박사와 미국 아메리칸대학교에서 철학박사 학위를 취

득했습니다. 교회를 충심으로 섬기는 목회자로 하나님의 깊은 영성과 예수님의 증인으로 살았고 기도와 헌신의 혼(魂) 영혼과 육체의 진액을 쏟아 낸 말씀을 삶에서 구체적으로 구현한 실천적 신앙 중심의 선포된 말씀을 『하나님 말씀에서 찾은 인간의 건강』이라는 제목으로 출판하게 되었습니다.

이 책은 하나님께서 창조한 사람이 건강하게 살면서 자기 생명을 보전하는 것을 바라고 은혜롭게 전달하고 있습니다. 특별히 사람마다 건강을 위하여 채소, 과일, 곡식을 잘 먹고 건강을 잘 관리하여, 바르게 살아갈 것을 일깨워 주는 깊은 묵상과 통찰을 통해 얻어진 성경 중심의 산로(産勞)의 길을 걸어온 옥고(玉稿)입니다. 이러한 하나님과 깊은 영적 만남을 통해서 산고(産苦)되었기에 이 책과 하나님 말씀 속에서 내면의 깊은 통찰을 바라는 목사님과 모든 성도에게 적합한 책이라 사료되며 성령의 감동과 사랑으로 내놓으신 글을 읽는 이들의 마음의 양식이 되리라 생각됩니다. 해박한 지식으로 연구, 탐구하여 건강과 생명 보전의 길을 가는 행복한 삶의 은혜를 받기 바라며 부디 정독하시고 널리 들려 읽으시어 하나님의 위로와 사랑이 풍성하시기를 기원하면서 추천의 말씀을 드립니다.

머리말

목회 현장과 선교 현장에서 사역을 하다 보면 사람들이 살아가는 삶의 정황을 세심하게 관찰할 수 있다. 예를 들어, 가정을 심방하는 일로 그 가정생활, 식생활, 부부생활, 직장 생활 등의 성도의 삶의 문제를 발견할 수 있다. 더 나아가 하나님의 말씀을 전달, 운반하는 목회자라면 인간 삶의 모든 부분이 하나님의 말씀과 깊은 관계성과 연관성이 있음을 통찰할 수 있다.

출애굽기 15장 26절에 "이르시되 너희가 너희 하나님 나 여호와의 말을 들어 순종하고 내가 보기에 의를 행하며 내 계명에 귀를 기울이며 내 모든 규례를 지키면 내가 애굽 사람에게 내린 모든 질병 중 하나도 너희에게 내리지 아니하리니 나는 너희를 치료하는 여호와임이라."고 하였다.

이 말씀은 사람이 하나님의 말씀을 귀 기울여 듣고, 순종하고, 하나님 보시기에 올바르게 행하며, 계명과 규례를 지키면 질병으로 고통받지 않도록 하나님께서 병을 내리지 않아 모든 병을 예방할 수 있다는 뜻이다. 다시 말해서 치료하시는 하나님의 은총이 있음을 알려 주신다.

연세대학교 세브란스 병원 내과과장 남재현 박사의 글에 보면 한국인 사망 원인의 50% 이상이 생활 습관 때문이라고 한다. 이 생활 습관이 암, 비만, 당뇨병, 고혈압, 동맥경화 등의 원인이 되어 이 병으로 인해 생명을 잃는다고 한다. 그리고 그 원인은 인간의 문화와 관련이 있다고 한다. 필자는 그 문화가 인간의 병을 일으키고 생명을 잃는 불행을 가져오는지를 하나님 말씀과 연관하여 연구하고자 한다.

이러한 것을 연구하여 필자가 발견한 것은 인간의 건강과 생명 유지 그리고 보전의 길은 일반적으로 생각하는 장수의 비결인 어떤 음식이나 환경과 과학적 지식에 있는 것이 아니라 그보다 더 깊은 원리와 근거가 하나님의 말씀에 있음을 알 수 있었다. 하나님의 말씀에서 가장 중요한 핵심은 사람의 생명, 건강, 질병이 모두 말씀과 규례와 계명에 깊은 관계성이 있다는 것이다.

이 책은 필자가 목회 현장에서 사람들이 질병으로 고통을 당하다가 경제적 큰 지출로 가정에 빈곤을 안겨 주며(우환이 도둑이다), 죽음을 맞이하는 마음 아픈 일을 겪는 성도와 사랑하는 가족을 잃은 슬픔과 막막한 절망 그리고 불행을 당하는 것을 목격하고 난 후, 사람을 돌보는 길을 찾아서 예방과 건강으로 생명 유지에 도움을 주는 지혜를 찾아야 할 필요성을 깨닫게 되면서부터 관심을 갖은 분야이고 또한 선교지 러시아와 캄보디아를 방문했을 때 절대 빈곤의 가난과 질병 때문에 고통 당하는 사람들을 목격한 충격에 연구를 시작하게 되었다. 그 결과, 필자는 이러한 것이 하나님의 말씀을 듣지 못한 기갈에 원인이 있다는 것을 알게 되었다.

이렇게 목격한 가난과 질병을 돌보고 고통 중에 있는 사람들을 보며 예수님을 생각하게 되었고, 예수님처럼 돌보는 긍휼 사역을 잘 하려면 결국 하나님의 말씀과 인간이 생명을 누리는 건강의 관계성에서 사람의 건강 돌보기로 생명 보전의 진리를 찾아 주어야 할 필요성을 체감하게 되었다.

　예수님께서는 이 세상에 보내심을 받고(요 6:38-40), 오셔서 수많은 병든 자들을 고쳐 주시고(마 4:23-25), 약한 자들이나 가난한 자들을 돌보시고, 무엇보다 긍휼 사역을 많이 하셨다. 이것은 예수님이 복음 전파의 수단으로 사용하신 하나님의 일을 하는 중요한 원리이다. 이것은 인간들의 약함과 병으로부터 건강을 돌보아 주어서 생명을 누리게 하는 삶의 목적이기도 하다. 또한 이것에 대해 창조과학회에서는 하나님의 창조 계획에 따른 설계(Design)와 목적에 따라 생명을 보전하라고 주장한다.

차례

제3장 학자들의 견해와 문헌 연구

이르시되 너희가 너희 하나님 나 여호와의 말을 들어 순종하고 내가 보기에 의를 행하며 내 계명에 귀를 기울이며 내 모든 규례를 지키면 내가 애굽 사람에게 내린 모든 질병 중 하나도 너희에게 내리지 아니하리니 나는 너희를 치료하는 여호와임이라(출 15:26).

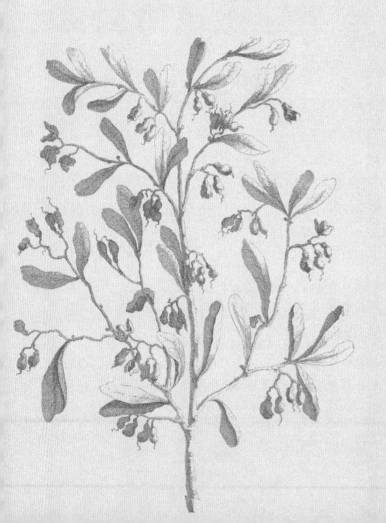

제1장

서론

1. 생활 습관이 병의 근원

　한국인의 사망 원인 50% 이상이 생활 습관병 때문이다.[1] 생활 습관병의 종류는 비만증, 당뇨병, 고혈압, 이상지혈증, 동맥경화(심장병), 중풍, 갱년기 이후 중·노년에서의 골다공증 등이다.[2] 남재현 박사는 이를 성인병이 아니라 생활 습관병이라고 말한다.[3] 이 이론에 따르면 병은 세균감염, 전염병 등으로 생기는 것이 아니라 사람의 좋지 않은 생활 습관이 이런 병을 유발시킨다고 한다. 사람들은 이러한 생활 습관병때문에 노년에 치료비로 인한 경제적 곤란을 겪거나 몸의 고통으로

1　남재현,『생활 습관이 병을 만든다』(서울: 조선일보사, 2001), p. 18.
2　남재현, 위의 책, p. 18.
3　남재현, 위의 책, p. 4.

큰 문제에 빠지게 된다.

문화란 인간의 생각과 행동을 말한다. 다시 말해서 문화라는 것은 사회를 구성하는 인간에 의해 습득된 습관, 지식, 신념, 예술, 법률, 도덕, 관습 그리고 능력을 포함하는 복합체이다.[4] 스텔라 토마스 M.(Stallter Thomas M.)은 사람들이 살아가면서 또는 문화 활동을 하면서 그 문화 때문에 고통에 빠진다면 그 문제점이 무엇인지를 관찰하고 문화를 수정하거나 고치는 것을 통해 그 문제점을 치유해야 한다고 주장한다. 문화에 대한 지식과 지혜를 통해 그 문제점을 자세히 이해하고 치유할 뿐만 아니라 미리 예방할 수 있다는 것이다.

목회 현장에서는 사람들이 생활하는 문화를 세심하게 관찰할 수 있다. 또한 심방이나 상담 그리고 삶의 현장을 방문하여 그 문제점을 발견할 수도 있다. 더 나아가 하나님의 말씀을 전달, 운반하는 목회자라면 인간 삶의 모든 부분이 말씀과 깊은 관계성이 있음을 통찰할 수 있다. 출애굽기 15장 26절에 "이르시되 너희가 너희 하나님 나 여호와의 말을 들어 순종하고 내가 보기에 의를 행하며 내 계명에 귀를 기울이며 내 모든 규례를 지키면 내가 애굽 사람에게 내린 모든 질병 중 하나도 너희에게 내리지 아니하리니 나는 너희를 치료하는 여호와임이라."고 하였다.

이 말씀은 사람이 하나님의 말씀에 귀 기울여 듣고(ﬦﬨﬞﬞﬞ), 순종하고, 하나님 보시기에 올바르게 행하며, 계명과 규례를 지키면(ﬦﬨﬞﬞﬞ) 하나님께서 질병으로 고통 받지 않도록 병을 내리지 않아서 모든 병을 예방할 수 있다는 뜻이다. 또 설령 질병에 걸렸을지라도 이를 치료해 주시

---

4   Stallter Thomas M, *Understanding People Who see the World differently than you do*, 편집부 역, 『사역을 위한 문화 인류학』(Grace Theological Seminary, DI 802, 2011), p. 5.

는 하나님을 계시한다. 이는 사람이 살아가는 문화 속에서 생활 습관이 나타나므로 하나님의 말씀과 규례와 계명과 그 법도에 따라 순종하고 살면 병을 예방할 수 있지만 거역하고 행하지 않으면 이런 병을 만든다는 뜻이다. 뿐만 아니라 이 말씀의 가장 중요한 핵심은 사람의 생명, 건강, 질병, 모두 하나님의 말씀과 규례 그리고 계명과 깊은 관계성이 있다는 것이다. 따라서 필자는 이 문제를 탐구하여 사람의 생명과 건강을 목회적으로 연구하고자 한다.

2. 하나님의 창조 설계에 가장 부합한 것은 무엇인가?

본서를 저술하게 된 것은 선교지 러시아와 캄보디아를 방문했을 때 목격한 끔찍한 가난과 질병 때문이었다. 필자는 그들이 물이 없어서 오염된 강물을 마구 떠먹다 수인성 전염병에 시달리고 먹을 게 없어 하루 한 끼도 겨우 해결하는 비참한 현실을 목도하고 저들의 가난과 질병은 무엇 때문인가를 생각하게 되었다. 그 결과 이들의 참상은 하나님의 말씀을 듣지 못한 기갈 상태에 원인이 있다는 것을 깨닫게 되었다. 필자는 선교지와 목회 현장에서 볼 수 있는 가난과 질병을 다스리고, 고통 중에 있는 사람들을 돌보는 일을 잘 감당하려면 결국 하나님의 말씀과 인간의 생명을 누리는 건강의 관계성에서 건강 돌보기의 진리를 찾아 주어야 할 필요성을 느끼게 되었다. 예수님께서도 이 세상에 보내심을 받고(요 6:38-40) 오셔서 수많은 병든 자들을 고쳐 주시고 (마 4:23-25) 약한 자들이나 가난한 자들을 돌보시는 일을 마다하지 않으셨다. 이는 선교와 목회 사역의 관점에서 볼 때 긍휼히 여기시는 긍휼 사역의 본을 보이신 것이라 할 수 있다. 또한 이것은 복음 전파의 수단으로서 중요한 사역의 원리로, 인간들의 약함과 병으로부터 건강을 돌봐주어서 생명을 누리게 하는 삶의 목적이기도 하다(신 10:13).

　사람들에게 하나님의 말씀을 전하고 지키고 행하게 하는 선교와 목회 사역에서 복음을 듣고 구원을 얻게 하는 사역은 가장 중요한 사역이라 할 수 있다. 그러나 이와 더불어 복음으로 구원을 얻은 후 어떻게 살아야 하느냐 하는 문제를 간과할 수는 없다. 어쩌면 지금까지 선교의 문제점 중의 하나가 이 문제의 외면에 있다고 볼 수 있다. 하나님은 말씀으로 천지만물을 창조하셨다. 그렇다면 하나님의 창조 설계와 목적에 근거하여 우리에게 하나님의 뜻을 따라 생명을 누리는 일보다 더 중요한 일이 있을까? 본 연구를 통해 하나님의 창조 설계에 가장 부합하는 것이 무엇인지 살펴보고자 한다.

3. 범위

　본서는 문헌을 통한 연구를 일차적 범위로 삼는다. 문헌이라 함은 학자들의 연구로 출판된 도서, 논문집, 관계 자료와 교수들의 강의와 강의록, 자료집, 신문, 잡지 등을 의미한다. 그 다음은 현대 사회를 변화시키는 큰 영향력으로 작용하는 인터넷 자료이다. 세 번째로 사회조사 연구 방법인 설문조사를 적극 활용하여 연구한다. 이 설문 조사 대상은 한국교회 신도들과 지도자들을 대상으로 삼는다. 그리고 이 연구의 시간적 범위는 필자의 목회 사역 기간인 1987-2013년까지로 제한한다. 이 기간 동안 하나님의 말씀으로 사역하고 살아온 삶을 그

범위로 삼는다.

4. 방법

　본서는 그 방법에 있어서 성경 주석학적 방법을 적극 사용한다. 성경 본문에서 말하는 뜻을 찾고 저명한 신학자들의 구약신학적 견해를 참고하며 이에 더해 창조과학회의 연구 관점을 수용하고 사회과학적 방법을 동원한다. 성경 주석학적 방법으로는 저자와 저자의 의도를 고려하는 본문비평과 그 배경 그리고 이스라엘 학자들의 관점, 그 적용법을 채택한다. 또한 창조과학회의 연구 방법과 사회과학적 방법론인 관찰, 추리와 가설(Hypothesis), 실험 등을 통해 일관된 법칙이나 사실을 찾을 것이다.

　또한 관찰을 통해서는 현대문화에서 사람의 먹을거리가 자연산보다는 가공식품을 즐기는 식습관 때문에 나타나는 건강의 문제들을 찾으려 한다. 가공식품의 문제점은 생명의 유지, 보존보다는 오히려 생명을 해하고 망가지게 하는 데 그 원인이 있다. 이러한 것을 하나님의 창조 목적에서 그 근원을 찾아 문제점을 제기하고, 인류의 건강과 생명유지 보존의 길은 다름 아니라 하나님의 창조의 본뜻을 회복하는 길임을 밝히려 한다. 그리고 하나님의 창조 디자인(설계)이 어디에 있는지 추리하고, 탐구하며, 실험과 법칙을 찾아 그것을 연구할 것이다. 마지막으로 이를 입증하기 위해 사람이 건강과 생명유지 보존을 위하여 무엇을 어떻게 먹고 사는지 설문지를 작성하여 조사하고, 분석하는 방법을 택한다.

5. 중요성

마태복음 16장 26절에 "사람이 만일 온 천하를 얻고도 제 목숨을 잃으면 무엇이 유익하리요 사람이 무엇을 주고 제 목숨과 바꾸겠느냐"라고 기록되어 있다. 이 말씀에 따르면 사람의 목숨, 생명만큼 중요한 것은 없다. 그 생명을 지키고 보존하고 유지하며 누리는 것이 행복이며 건강의 중요성이다. 건강을 잃으면 모든 것을 다 잃어버린다. 또 신명기 10장 13절에 "내가 오늘 네 행복을 위하여 네게 명하는 여호와의 명령과 규례를 지킬 것이 아니냐"라고 기록되어 있다. 이 말씀에 의하면 인간이 생명을 누리며 사는 것과 또한 행복하게 사는 것만큼 중요한 것은 없다.

본서는 이렇게 중요한 생명과 건강을 유지, 보존하고 행복하게 살도록 돌보고 가르치는 것이 목회와 선교 사역임을 밝히고자 한다. 왜냐하면 그것이 바로 하나님의 말씀과 명령과 규례이며, 사람이 이를 지키고 행할 때에 생명과 건강을 누리며 살 수 있는 길이기 때문이다.

6. 용어 해설

- 타데쉬(תדשא) - 내다
- 다쇠(דשא) - 땅에서 솟아 오르게 하다, 자라게 하다
- 토쩨(תצא) - 나가다, 나오다
- 호찌(הצא) - 히필형 동사 나오게 하다, 가져가게 하다
- 야짜(יצא) - 나가다, 나오다, 솟아나다

- 키브수하(כבשה)-발로 땅을 밟다
- 라다(רדה)-다스리다
- 조레아 자라(זרע זרוע)-씨 뿌려 농사하다, 추수하다
- 예쉐브(עשב)-풀, 채소
- 페리 에츠(פרי עץ)-과일
- 쉬미타(שמיטה)-가난한 자를 위한 면제년 법
- 아바드(עבד)-노동하다, 경작하다, 봉사하다, 섬기다
- 아말(עמל)-수고하다, 노동하다
- 아사(עשה)-하다, 노동하다, 행동하다
- 파알(פעל)-…한다, 노동하다, 행동하다, 일하다
- 아쉐르(עשר)-부자, 풍요로운 자
- 아니(עני)-가난한 자
- 쉐마(שמע)-듣다, 듣는다
- 리스모아(לשמוע)-들음
- 리스모르(לשמור)-지키다, 법 명령을 지키다, 지킴
- 라아숏트(לעשות)-행하다, 행함
- 미슈파호트(משפחות)-가족
- 아다마(אדמה)-마른 땅
- 에레츠(ארץ)-땅
- 하클라오트(חקלאות)-농업
- 아레쉬(ירש)-유산, 산업, 상속
- 나할나(נחלה)-기업, 산업

이르시되 너희가 너희 하나님 나 여호와의 말을 들어 순종하고 내가 보기에 의를 행하며 내 계명에 귀를 기울이며 내 모든 규례를 지키면 내가 애굽 사람에게 내린 모든 질병 중 하나도 너희에게 내리지 아니하리니 나는 너희를 치료하는 여호와임이라(출 15:26).

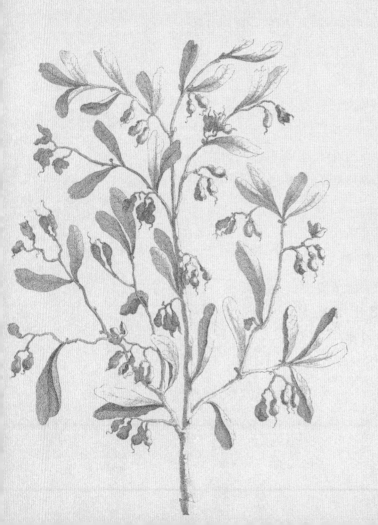

제2장

성경적 근거

1. 창조주의 설계(Design)

　찰스 타운스(Charles H. Towns)가 물리학자로서 기독교계의 노벨상이라 불리는 템플턴상을 수상한 까닭은 "생명 탄생엔 위대한 설계가 있다."고 주장하면서 신 창조론을 확산시켰기 때문이다.[1]

　프랑스의 유명한 세균학자 파스테르(L. Pasteur 1882~1895년)는 생명의 자연발생설을 실험적으로 부정하고 생명은 생명으로부터만 온다는 생명속생설을 제안하였다.[2] 그렇다면 최초의 생명은 어디서 왔는가?

1　Towns Charles H. "신 창조론", http://creation.or.kr/library/print.asp?no.3700, 2013.07.02.
2　창조과학회 편, 『자연과학』(서울: 생능출판사, 1999), p. 188.

생명의 기원에서 창조과학회에서 창조론적 관점으로 창조 모델이 있다. 창조 모델은 초자연적 지혜(Intelligence)와 설계(Design)에 의하여 처음부터 완전하게 생물들이 만들어졌다고 보는 견해다. 창조된 과정은 관찰한 사람도 없고 실험으로 반복해 볼 수도 없는 것이어서 이 모델을 자연과학적 실험 방법으로 증명할 수 없는 것은 자명하다. 그렇다면 어떤 근거에서 다양한 생물들을 보고 창조되었다고 하는가? 다양한 생물들은 아주 복잡하다. 질서가 있고 조화를 이루며 살아가도록 되어 있다. 이 설계에 의하면 초자연적으로 만들어진 이 체계를 사람들은 관찰, 연구하며 밝혀 나가고 있다고 본다. 실험하고 관찰할 수 있는 바로는 개는 개를 낳고, 고양이는 고양이를 낳는다. 다양한 생물들이지만 유전학적 한계 내에서 같은 종끼리만 교배하고 번식한다.[3]

유전 질서는 놀라울 만큼 엄격하게 유지되는 것을 본다. 유전학적 한계 내에서의 변이와 다양성은 관찰되나 유전자는 안정적이고 환경에 따라 쉽게 변하지 않는다. 처음부터 만들어진 것이라고 보는 것이 자연과학적 관찰 및 실험들과 일치하는 합리적인 견해라고 주장한다.[4]

최근 유전학과 분자생물학이 놀랍게 발전되어 염색체 속에 있는 유전인자들의 유전 암호를 해독하게 된 것은 획기적인 일이 아닐 수 없다. 유전 정보가 모든 생물의 세포 속에 들어 있다는 것은 그 정보를 넣은 지혜를 가진 창조주가 있음을 명백하게 나타낸다고 하겠다.[5]

---

3   창조과학회 편, 위의 책, p. 191.
4   창조과학회 편, 위의 책, p. 192.
5   창조과학회 편, 위의 책, p. 192.

정보의 입력(input)없이는 어떠한 정보도 나올(output) 수 없다는 것이 정보과학의 기본 상식이다. 모든 생물의 세포 속에 있는 유전 정보를 해독하면서 그 정보를 입력한 지혜의 창조주를 생각하는 것은 당연한 논리요 합리라고 본다."[6]

이미 관찰하고 실험하여 사실로 증명된 자연법칙들 특히, 유전법칙, 열역학 제1, 제2차 법칙들(엔트로피Ⅰ, Ⅱ)은 창조론과 가장 잘 일치한다. 창조 모델에서는 처음부터 유전 한계가 뚜렷한 생물 종류들이 창조되었다고 보며, 생체의 내외적 환경이 유전자 발현 과정에 미치는 종을 유지하려 하고, 전체적으로는 질서있고 완전한 것에서 무질서한 것으로 분해되어가는 경향으로 나아간다고 본다.[7]

유전학적 관찰과 실험, 정보과학의 인용, 각양 생물들의 생태를 관찰하며 그 창조 질서를 분명하게 볼 수 있어 이를 통해 위대한 지혜를 가진 창조주의 설계(Design)가 있음을 알 수 있다는 논리이다.
또한 창조과학회에서는 다음과 같은 설계론을 주장한다.

인간의 창조는 자동차의 구조와 비슷함을 알 수 있다. 자동차가 움직이려면 엔진, 전기, 공조, 구동과 같은 많은 구조물이 있어야 하며, 이것들을 담는 차체도 있어야 한다. 인체 역시 심장과 신경계, 호흡계, 근육계, 소화계 등의 기관이 갖춰져 있어야 한다. 자동차에 휘발유가 필요하듯

---

6 창조과학회 편, 위의 책, p. 192.
7 창조과학회 편, 위의 책, p. 192.

이 사람에게도 혈액과 임파액이 필요하다. 자동차에 이러한 모든 장치가 섬세한 설계도에 따라서 만들어지듯이 인체 역시 설계 없이는 만들어질 수 없다. 그 생명의 설계자를 창조과학회에서는 창조주라고 부르는 것이다.[8]

이러한 이론을 살펴본 결과, 생명을 창조하신 창조주의 설계대로 즉 창조주의 말씀과 규례와 법도를 따라 사는 것이 인류의 생명이 살고 유지되고 보존되는 법칙과 원리라는 사실을 발견할 수 있다. 다시 말해 인간의 생명 유지와 보존을 위한 건강의 길은 설계자의 위대한 지혜와 의도와 목적을 따라 세운 법도를 따르는 길이다.

2. 인간의 기원과 창조

창세기 1장에 나타난 하나님의 창조를 이해하려면 세 개의 핵심 단어를 살펴보아야 한다. '창조하다'는 단어는 히브리어로 '바라(ברא)', '아사(עשה: 만들다)', '민(מין: 종류)'이라는 단어이다.

첫 번째 단어 '바라(ברא)'는 창조하다라는 뜻으로, 무에서 유를 만들 때만 사용(Creatio ex nihilo)하는데 하나님만이 창조의 주체가 되신다. 이 단어는 구약성경에 모두 55회 등장하며 세 가지 경우에 국한하여 사용되었다.[9] 첫째, 우주의 기본 요소인 시간, 공간, 물질의 창조(창 1:1)와 산

---

8   임번삼, 『잃어버린 생명나무를 찾아서(상)』(서울: 도서출판 두란노, 2002), p. 260.

9   Francis Brown, R. Driver, and Charles A. Briggs, *A Hebrew and English Lexicon of the Old Testament*(Oxford London Glasgow New York: Oxford University press, 1977), p. 135.

과 바람(암 4:13), 새 하늘과 새 땅(사 66:17)의 창조시에, 둘째, 생기(reach pneuma, soul breath, 창 2:7)나 혼(נֶפֶשׁ, 창 1:21)을 창조할 때, 셋째, 하나님의 형상(צֶלֶם: Imago Dei, 창 1:27; 엡 4:24)을 나타낼 때 사용되었다.[10]

두 번째 단어는 '아사(עָשָׂה: make, do, 만들다, 행하다)'이다. 창세기 2장 3절은 "하나님이 일곱째 날을 복되게 하사 거룩하게 하셨으니 이는 하나님이 그 창조하시며(בָּרָא) 만드시던(עָשָׂה) 모든 일을 마치시고 그 날에 안식하셨음이니라."며 창조와 만드심을 명확하게 구분한다.[11] '아사(עָשָׂה)'라는 단어는 성경에 2,600회 나온다. 일반적으로 자연의 힘을 이용하거나 이차적으로 가공하여 변화시키는 사역에 대한 용어이다. 사람의 육체(창 1:26), 궁창(창 1:7), 옷(창 3:7), 방주(창 6:14), 채색옷(창 37:3) 등을 만들 때 사용되었다.[12]

세 번째 단어는 '민(מִין, 레미나[לְמִינֵהוּ]: Kind, 종류, 각종 종류)'이다. 이 단어는 창세기 1장에 10번이나 나온다. 하나님이 생물을 창조하실 때, "그 종류대로(after its kind)"라고 하여 하나님께서 처음부터 모든 생물을 종류대로 창조하셨음을 나타낸다. 이 말의 어원은 '민(מִין)'인데 '레미나(לְמִינֵהוּ)' 또는 '레미누(לְמִינוֹ)'라고 쓰였다.[13] 이것은 성경에서 말하는 종류로 생물학에서 종(Species)이나 속(Family)을 뜻하는 것으로 이해할 수 있을 것이다.[14]

하나님께서는 목적과 계획을 가지고 설계하신 대로 천지를 창조하시고, 생물들을 그 종류대로 만들고, 사람을 디자인하신 대로 만드사,

---

10   임번삼, 『잃어버린 생명나무를 찾아서(하)』(서울: 도서출판 두란노, 2002), p. 183.
11   Benjamin Davidson, *The Analytical Hebrew and chaldee Lexicon*(London: Samuel Bagster & sons Ltd, 1974), p. 616.
12   임번삼. 앞의 책, p. 183.
13   Francis Brown, R. Driver and A. Briggs. 앞의 책, p. 568.
14   임번삼, 앞의 책, p. 184.

그 육체에 생기를 불어넣으셔서 생명이 있게 하셨다.

인간의 기원은 하나님의 창조로부터 시작한다. 성경은 이것을 증언하고 있다. "하나님이 자기 형상 곧 하나님의 형상대로(כֶּלֶם: Imago Dei) 사람을 창조하시되 남자와 여자를 창조하(창 1:27)"셨다. 성경은 사람의 창조과정을 다음과 같이 묘사하고 있다.

> 여호와 하나님이 흙으로 사람을 지으시고 생기를 그 코에 불어넣으시니
> 사람이 생령이 되니(창 2:7).

인간 창조의 첫 단계는 흙이라는 재료(בָּשָׂר: soma element)로 육체를 만드신 것이다(יָצַר). 이렇게 만들어진 육체 속으로, 즉 코에 하나님이 생기(רוּחַ: pneuma, breathe or soul)를 불어넣으셨다는 것이다. 육체는 기존 재료로 만든 것이지만, 영혼은 아무런 재료도 사용하지 않고 무에서부터 창조주의 능력으로 새로이 창조하신 것이다. *Creatio ex nihilo*, 즉 무에서 유를 창조한 것이다.[15]

하나님이 자기 형상대로 만드셨다는 의미는 여러 가지 뜻을 포함한다. 그것은 먼저 거룩성(קֹדֶשׁ), 사랑(אַהֲבָה), 의(צְדָקָה) 등이다. 이것은 육체가 아니라 하나님께 속한 요소이다. 다음으로 형이하학적인 뜻도 함께 가지고 있다. 즉 생물학적으로는 유전자 속에 인간의 형질에 대한 유전 정보를 넣은 후 남녀가 결합하여 양친의 유전 형질이 자손에 전달되게 함으로써 양친의 모습을 닮은 자손이 태어나도록 하신 것이다.[16]

---

15 임번삼, 위의 책, p. 259.
16 임번삼, 위의 책, p. 261.

사람을 만드셨다는 창세기 1장 26-27절을 보자. 히브리어로 '아담 (ㅁㄷㅈ)'이라 부르는 '사람'의 어원은 '아다마(ㅁㄷㅈㅁ)'로서 그 뜻은 흙에서 유래한 것이다. 하나님께서 사람을 만들 때 흙 중에서 가장 곱다는 진흙인 '아파르(ㅁㄷㅈ: dust, 점토, 먼지)'로 만드신 데서 유래한다.

오늘날 많은 실험분석 결과들은 인체를 구성하는 성분 34여 종이 모두 흙 속에 포함되어 있음을 밝히고 있다.[17] 이것은 사람뿐 아니라 다른 생물의 구성요소도 마찬가지이다.

이처럼 성경적 창조론은 인간이 눈에 보이는 육체와 눈에 보이지 않는 영혼으로 구성되어 있음을 밝히고 있다. 눈에 보이는 육체는 일생을 살다가 흙으로 돌아가지만 하나님으로부터 받은 영혼은 하나님께로 돌아간다(전 12:7).[18]

사람의 창조가 이렇게 하나님의 설계 계획과 목적과 의미에 따라 이루어진 것을 보면, 인간 건강의 문제에 대한 해답도 쉽게 찾을 수 있다. 즉 사람의 육체는 흙으로 만들어졌으므로 흙에서 생산되는(ㅁㄷㅈㅁ) 것을 먹고 살아야 한다. 거기에 인간 생명이 유지, 보존되고 생명을 누리는 건강의 길이 있다.

전도서 12장 13절을 보면 '사람의 본분(의무)'을 깨달을 수 있다. 사람은 하나님의 계획에 따라 창조되었으며, 하나님의 설계대로 흙이라는 재료와 영으로 창조되었다. 사람은 하나님의 형상을 넣고 생명을 은총으로 받은 피조물로서 사람의 본분과 의무를 다해야 한다. 이에 대해 전도서의 저자인 지혜자는 다음과 같이 말한다.

---

17 임번삼, 위의 책, p. 262.
18 임번삼, 위의 책, p. 262.

일의 결국을 다 들었으니 하나님을 경외하고 그 명령들을 지킬지어다 이 것이 모든 사람의 본분이니라(전 12:13).

허성갑 목사는 이 말씀을 원문에서 직역하는 성경을 출판하면서 다음과 같이 번역한다.

일의 끝을 모두 들었으니 하나님을 경외하고 그의 계명들을 지켜라 참으로 이것이 모든 사람의 바른 길이다(전 12:13).

'사람의 본분'에 해당하는 히브리어 '콜 하아담(כל־האדם)'을 호크마 주석에서는 문자적으로 두 가지로 이해할 수 있다고 한다. 첫째는 '사람의 모든 것(The whole of the man, M. A. Eaton)', 둘째는 '모든 사람(Every man, W.J. Deane)'인데 첫 번째를 택할 경우 "여호와를 경외하는 것이 사람의 행할 의무 전체(The whole duty of man, KJV, NIV, RSV)"라는 뜻이 된다. 두 번째를 취할 경우는 "하나님을 경외하고 그분의 명령을 지키는 것이 모든 사람에게 적용되어져야 하는 모든 사람의 의무(The duty of all man, RSV. 난해 주)"라는 뜻이다.[19]

3. 창세기 1장 29-30절의 주석

본문 주석을 위해 먼저 본문 해석과 문헌 해석을 정확히 한 다음

19   강병도 편, 『호크마 종합주석 [16]』(서울: 기독지혜사, 2000), p. 600.

양식비평과 전승사 연구의 단계를 거쳐야 한다.[20] 이 방법은 본문을 선택한 후 본문에 따른 문학적 분석이 뒤따른다. 이에 따라 본문을 마소라 텍스트(Massoretic Text) 히브리어 성경으로 택하고 번역과 해석을 통해 본문이 주는 하나님의 뜻을 찾고자 한다.[21]

1) 개역개정 성경의 번역

하나님이 이르시되 내가 온 지면의 씨 맺는 모든 채소와 씨 가진 열매 맺는 모든 나무를 너희에게 주노니 너희의 먹을 거리가 되리라(창 1:29).

또 땅에 모든 짐승과 하늘의 모든 새와 생명이 있어 땅에 기는 모든 것에게는 내가 모든 푸른 풀을 먹을 거리로 주노라 하시니 그대로 되니라(창 1:30)

2) 히브리어 직역성경(허성갑)

하나님께서 말씀하셨다. "보라 내가 온 땅 위에서 씨 맺는 모든 채소와 씨가 있어 열매를 맺는 모든 나무를 너희에게 준다. 그것이 너희에게 양식이 될 것이다"(창 1:29).[22]

---

20 문희석, 『구약석의 방법론』(서울: 대한기독교출판사, 2002), pp. 75-160.
21 문희석, 위의 책, pp. 75-76.
22 허성갑, 『히브리어 직역 구약성경』(서울: 말씀의 집, 2009), p. 2.

3) 사번역(필자)

하나님께서 말씀하셨다. 보라 모든 땅 위에 씨 뿌려 거두는 모든 채소와 풀을 너희들에게 주노라. 그리고 씨 뿌려 농사짓는 모든 과일들과 나무들을 너희에게 주노라. 그것들은 너희에게 먹을거리가 될 것이다 (창 1:29).

땅 위에 있는 모든 짐승들과 하늘에 모든 새들과 땅 위에 생명이 안에 있는 땅에 모든 동물들에게 모든 초록색 채소들이 먹을 양식이 된다. 그리고 그렇게 되었다(창 1:30).[23]

본문에서 '씨 맺는 채소'와 '씨 가진 열매 맺는 나무'는 히브리어 본문에 따르면 '조레야 제라(יֵרֵא יַרֵז)'이다. 이는 히브리 개념으로 볼 때 씨 뿌려 농사지어 거두는 것을 말한다. 각종 채소는 씨를 뿌려 농사지어 생산한다. 과일도 씨로 번식한다. 특히 씨 뿌려 농사짓는 것은 인간이 경작(דבע)하여 생산하는 여러 가지 곡식을 말한다.

이렇게 농사로 가꾸어지는 채소(בֵשֵע), 과일(ירֵפ ץֵע), 곡식(רֵז)들을 하나님은 사람과 동물들에게 먹을거리로 주셨다는 말씀이다. 이것은 하나님이 만드신 동물들을 위해 디자인하신 것이다.

이 말씀에는 숨겨진 것이 있다. 즉 하나님이 설계(Design)하셔서 창조하신 동물과 사람의 몸은 채소, 과일, 곡식을 먹도록 구조, 설계되었다는 사실이다. 이것을 찾기 위해서는 창세기의 본문 전후 맥락을 살

---

23 Bibia Hebratca Stuttgartensia, Second Edition, Amended, 1979.

펴보아야 한다. 채소와 과일, 곡식을 먹을거리 양식으로 삼으려면 땅에서 농사, 노동하는 경작자가 있어야 하고 땅에서 생산할 수 있도록 하는 햇빛과 물과 노동하는 인간의 노력이 있어야 한다. 햇빛은 광합성 작용과 탄소동화작용으로 탄수화물을 만들어 뿌리, 잎, 열매에 저장한다. 물은 수분으로 땅에서 모든 것이 올라오게 한다.

하나님의 계획과 목적이 창세기 1장 26절에 나타나 있다.

> 하나님이 이르시되 우리의 형상을 따라 우리의 모양대로 우리가 사람을 만들고 그들로 바다의 물고기와 하늘의 새와 가축과 온 땅과 땅에 기는 모든 것을 다스리게 하자 하시고

이것이 바로 하나님께서 사람을 만드시고 살게 하신 뜻과 계획하심과 목적이다. 또 하나님이 자기 형상 곧 하나님의 형상(Imago Dei)대로 창조하시되 남자와 여자로 창조하시고 하나님의 형상대로 설계하셨음을 암시하고 있다(창 1:27).

창세기 1장 28절에는 "하나님이 그들에게 복을 주시며 하나님이 그들에게 이르시되 생육하고 번성하여 땅에 충만하라, 땅을 정복하라, 바다의 물고기와 하늘의 새와 땅에 움직이는 모든 생물을 다스리라 하시니라."라고 기록되어 있는데 이 말씀은 사람을 창조하시고 사람으로 하여금 문화 활동을 하도록 명령(Cultural Mandate)하신 것이다.[24]

이 문화 활동은 자연을 경작하고, 개발하고, 다스리는 인간의 활동을 말하며, 이 명령을 따라 인간이 땅을 경작하는 농사의 일이 시작되

---

24 Henry Van Til, *The Calvinistic Concept of Culture*, 이근삼 역, 『칼빈주의 문화관』(서울: 성암사, 1979), pp. 31-37.

었다.[25]

> 땅에 비를 내리지 아니하였고 땅을 갈 사람도 없으므로 들에는 초목이 아직 없었고 밭에 채소(עֵשֶׂב)가 아직 나지 아니하였으며 안개만 올라와 지면을 적시니라 또 하나님이 땅의 흙(עָפָר)으로 사람을 지으시고 에덴동산을 창설하시고 지으신 사람을 거기 두시니라(창 2:5).

> 하나님이 그 사람을 이끌어 에덴동산에 두어 그것을 경작하며(עָבַד) 지키게 하시고(창 2:15).

이 말씀은 인간의 기원이 하나님으로부터 시작되었고 인간은 하나님의 피조물임을 분명히 밝혀 주고 있다. 하나님이 인간을 창조하신 계획과 디자인(Design)은 다름 아니라 농사 활동하는 노동(עָבַד)이다. 인간은 채소, 과일, 곡식을 생산하기 위하여 땅을 갈고 씨를 뿌리고, 고르고 가꾸어 생산한 후, 먹을거리를 만들어 먹고 그것으로 건강하게 살게 된다.

4. 창세기 1장 11-12절의 주석

이러한 일을 위해 하나님은 땅에 햇빛과 물을 주시고 인간이 씨 뿌려 경작하도록 명하시고 그렇게 하도록 이미 계획하시고 명령하셨다.

그 명령의 말씀이 창세기 1장 11-12절의 말씀이다. 이 말씀도 더 정확히 해석하기 위해 세 가지의 번역을 대조하여 더 깊은 뜻을 찾고자 한다.

1) 개역성경(개역개정판)

하나님이 이르시되 땅은 풀과 씨 맺는 채소와 각기 종류대로 씨 가진 열매맺는 나무를 내라 하시니 그대로 되어 땅이 풀과 각기 종류대로 씨 맺는 채소와 각기 종류대로 씨 가진 열매맺는 나무를 내니 하나님이 보시기에 좋았더라(창 1:11-12).

2) 히브리어 직역 성경

하나님께서 말씀하셨다. "땅은 풀과 씨 맺는 채소와 그 안에 씨가 있어 종류대로 열매를 맺고 과일나무의 싹을 땅위에 내라." 그러자 그대로 되었다. 땅이 풀과 종류대로 씨를 맺는 채소와 그 안에 씨가 있어 종류대로 열매를 맺는 나무를 내었다. 하나님이 보시니…좋았다(창 1:11-12).[26]

3) 사번역(필자)

하나님이 말씀하셨다. 땅은 씨 뿌려 가꾸는 채소와 풀, 과일나무, 땅에 씨 뿌려 거두는 모든 종류의 열매 맺는 나무들을 솟아올라 오게 하라.

---

26 허성갑,『히브리어 직역 구약성경』, p. 1.

그리고 그렇게 되었다. 땅은 씨 뿌려 가꾸는 채소와 풀, 씨 맺는 모든 종류의 과일 나무들을 솟아오르도록 하라(창 1:11-12).

여기에서 중요한 단어는 '타데쉐(תדשא)'인데 이 뜻은 '명령하신 말씀'이다. 모든 종류의 채소, 풀, 과일, 곡식이 땅에서 솟아올라 오라고 하나님께서 명령하셨다.[27] 그러므로 이 명령에 따라 땅에서 풀, 채소, 씨 뿌려 가꾸어 거두는 모든 나무와 곡식이 솟아올라 온다.

또한 '모든 종류(מין, למינו, למינהו)'는 채소 종류, 곡식 종류, 과일 종류, 나무 종류, 풀(목초) 종류 등으로 하나하나 따지면 엄청나게 많은 수이다.[28]

"열매 맺는"이라는 낱말이 의미하는 '내었다'라는 말은 한글 번역으로 '내나라', '내었다'로 같은 뜻으로 번역하였으나, 히브리어는 용도에 따라 쓰임이 다르다. 여기에서 '내었다'는 '토제(תוצא)'는 '호찌(הוזיא)'라는 단어의 히필형 동사이다. 본동사는 '야짜(יָצָא)'이다. 이 뜻은 '솟아오르도록 하라'는 사역형의 의미이다. 사람이 경작하여 땅 속에 있는 것들을 솟아올라 오게 하라는 뜻이다. '호찌(הוזיא)'는 '야짜(יָצָא)'라는 동사의 히필 미래형이다.[29]

이와 같은 말씀 속에는 이 땅의 모든 존재가 하나님이라는 지적 설계자(Intelligence Design)의 설계(Design)에 따라 이루어졌다는 의미가 들어 있다. 이것은 천지만물을 설계하신 하나님의 설계에 맞게 먹을 것을 정해 주시어 생명이 살고 유지되고 보존되는 규례와 법도를 주신다는 것이다. 그러므로 인간과 동물은 하나님의 설계(Design)에 맞게 사는 것이 최

---

27 Francis Brown, 앞의 책, p. 206.
28 Francis Brown, 위의 책, p. 568.
29 Francis Brown, 위의 책, p. 752.

선이라는 말씀이다.

이 하나님의 디자인에 대하여 증명하는 학자들의 견해가 있다. "인터디자인 99 서울 개막식"에서 하용조 목사는 "하나님의 디자인"이라는 주제로 1시간 동안 진행된 강연에서 신학적인 관점에서 디자인에 접근하여 신선한 시도로 관심을 끌었다. 그는 약 10여 종의 잡지를 출판하면서 항상 디자인이란 영역에 관심을 많이 두었다. 그는 가장 위대한 디자이너 창조자가 바로 하나님이라는 사실을 인지하면서 디자인의 근원이 바로 하나님이라는 것, 즉 천지창조부터 디자인의 개념이 시작되었다는 점을 강조하고 싶었다고 강연 소감을 밝혔다.[30]

하 목사에 따르면 디자인의 출발점은 하나님의 천지창조 사역이라는 것이다.

> "태초에 하나님이 천지를 창조하시니라(창 1:1)." 66권으로 구성된 성경의 머리글은 이렇게 시작된다. 인류의 역사는 바로 하나님의 천지창조 사역으로부터 시작된다. '디자인의 보고'라 할 수 있는 창세기에 6일 동안 빛과 땅 그리고 온갖 생물과 인간을 창조하신 하나님의 위대한 천지창조 사역이 기록되어 있다. 특히 가장 완벽한 창조물인 우주와 인간을 창조하신 하나님은 창조자(Creater)이자 기획자(Planner)로서 인류 최초의 디자이너이다. 디자인의 출발점이다.[31]

이처럼 천지창조의 과정은 디자인의 기본 요소를 포함하고 있을 뿐 아

---

30   하용조, Interdesign 99 Seoul 기조강연(서울: 월간 디자인, 1999, 8월호), pp. 76-77.
31   하용조, 위의 책, p. 76.

니라 디자인의 기본 프로세스 원리까지도 담아내고 있다. 혼돈에서 질서로, 공허에서 충만으로, 흑암에서 빛으로 창조되어지는 과정이 결국은 디자인 과정으로 동일 선상에서 이해되어질 수 있다.[32]

뿐만 아니라 하 목사는 디자인의 주요 요소야말로 하나님이 창조하신 자연과 인간이라고 주장한다.

창조의 제2성, 즉 디자인의 두번째 요소는 바로 자연과 인간이다. 문명과 기술이 발달할수록 디자이너들이 즐겨찾는 소재가 바로 자연이며 환경문제를 굳이 거론하지 않더라도 자연친화에 대한 것은 디자인에서도 늘 화두에 등장하는 것이다. 이제 디자인과 자연의 결합은 더 이상 부자연스러운 것이 아니다. 이처럼 모든 디자인의 기본 테마가 하나님이 만드신 걸작인 자연으로 귀결되고 최고의 창조물이라 할 수 있는 인간은 하나님이 흙으로 직접 빚으신 창조물일 뿐이다. 자연과 인간이, 창조물들이 바로 하나님이 얼마나 섬세하고 재능이 있는 디자이너인지를 입증해 주는 실례인 것이다.[33]

5. 창조과학회의 증명들

최근 50년 동안 생명과 우주에 관한 과학과 종교간 논쟁이 계속되

---

32 하용조, 위의 책, p. 76.
33 하용조, 위의 책, p. 77.

어 왔다. 우주 탄생에 관한 자연과학계의 대표 이론은 진화론에 따른 빅뱅 이론이다. 여기에 맞서 종교계는 지적 설계론을 내세웠고 이 논쟁은 지금까지 계속되고 있다. 진화론과 빅뱅 이론의 결정적인 맹점은 빅뱅에 의해 인류가 우연히 발생했다는 이론만으로는 우주의 모든 것과 생명에 대하여 설명하기가 불가능하다는 것이다. 특히 이 이론은 인류의 삶의 목적과 의미를 설명할 수 없다.[34] 이 논쟁의 뜨거운 전장은 생명의 기원이다. 이 문제는 현재 답보 상태이다. 과학이 과연 최초의 생명이 어떻게 생겨났는지에 대한 답을 줄 수 있을 것인가? 이 논쟁은 지금도 현재진행형이다.[35]

레이저 원리의 발견으로 노벨상을 공동수상한 찰스 타운스(Charles Townes)는 신을 자유의지 개념과 연결시킨다. "과학에 의하면 자유의지는 전혀 있을 수 없다. 하지만 나에게는 자유의지가 있다고 믿는다. 나는 자유의지를 강하게 느낀다. 이 같은 방식으로 나는 신의 존재와 그의 역사하심을 믿는다."[36]이후 헤럴드 모로위츠(Harold J. Morowitz)는 생명의 기원은 수학적으로 볼 때 기적이라고 말할 수밖에 없다고 했다. 이는 최초의 생명체는 신이 창조할 수밖에 없다는 주장을 지지하는 것으로 보였으며 사실 미국의 창조론자들이 그의 계산을 가장 반겼다.[37] 모로위츠는 '가지치기 법칙'은 '설계'와 같은 것을 의미한다고 지적하며 이는 설계자 없는 설계라고 말했다. 거기에 창의성이 존재한다.[38]

---

34 Larry Witham, *By Design*, 박희주 역, 『생명과 우주에 대한 과학과 종교논쟁 50년』(서울: 혜문서관, 2009), pp. 165-169.
35 Larry Witham, 위의 책, p. 156.
36 Larry Witham, 위의 책, p. 156.
37 Larry Witham, 위의 책, p. 178.
38 Larry Witham, 위의 책, p. 180.

삭스턴은 1988년 프린스턴 대학의 한 강연에서 처음으로 설계(Design)라는 용어를 사용하였다. 또 어떤 과학자가 이러한 화성 표면의 형상은 우연이 아니고 지적 설계인지 모른다는 말을 인용하게 되어서 삭스턴은 지적 설계(Intelligen Design)라는 용어를 건지게 되었다. 그는 생명의 기원의 신비에 관한 저서 집필을 부탁받고 1989년『판다곰과 인간, 생물학적 기원의 핵심문제들』(Of Pandas and People)이라는 제목으로 책을 출판하면서 지적 설계라는 개념을 택했다.[39]

이후 여러 창조과학자들의 연구와 주장과 증언들이 나온다. 이 주장들의 핵심은 창조주 하나님이 지적 설계를 하셨고 그대로 천지만물을 창조하셨으며 그 설계대로 인간에게 먹을거리를 주셨다는 것이다. 창조과학회 박재환 박사는 다음과 같이 말한다.

> 현재 우주 안에 존재하고 있는 질량, 에너지, 공간, 시간은 저절로 만들어진 것이 아니며 창조자가 존재하는 것이다. 내가 65kg의 질량을 가진 인간으로 현재 우주 안에 존재하고 있는 것 자체가 전율을 일으킬 정도로 놀랄 일이다. 내 몸 자체가 하나님의 천지창조의 명확한 결과물이다. 내가 살아 숨쉬고 있으며 음식을 섭취하고 걸어다니며 '나는 어디서 왔는가?'라는 고민을 하는 것 자체가 '이 세상을 창조한 조물주'가 계심을 시사하고 있는 것이다.[40]

지구의 생명 시스템을 구동하는 에너지의 원천은 태양광이다. 태양

---

39   Larry Witham, 위의 책, p. 194.
40   박재환,『어느 과학자의 생명이야기』(서울: 쿰란출판사, 2012), p. 14.

광을 화학에너지로 변환시킬 수 있는 능력은 식물만이 보유하고 있으며 동물은 식물이 만든 화학에너지를 전달받아 생존한다.[41] 이 식물은 광합성을 통해 동물이 에너지원으로 사용할 수 있는 탄수화물을 합성해 낸다. 녹색 식물의 세포에 들어 있는 엽록체가 광합성이 일어나는 장소이다.[42]

광합성은 크게 명반응과 암반응이라는 두 단계로 나뉘는데 명반응은 빛이 있어야 진행되며, 암반응은 빛이 없어도 진행된다. 엽록소와 전자전달계에서 명반응이 일어난다.[43]

명반응은 다시 물의 광분해와 광인산화의 두 단계로 나눌 수 있다. 물의 광분해 과정은 엽록소에 흡수된 빛 에너지에 의해 물(H_2O)이 분해되는 것으로 전자(e)와 수소이온(H_+) 그리고 산소(O_2)를 만들어 낸다. 광인산화 과정은 엽록소가 흡수한 빛 에너지를 화학 에너지로 전환시켜 ATP(Adensin Tri-Phosphate)를 만들어 내는 과정이다.[44]

이러한 모든 과정은 일체의 유해물이나 쓰레기를 생산하지 않으며 소리 없이 조용히 이루어진다. 사과나무가 열매를 만들어 내고 오이가 열매를 맺고 벼에서 쌀이 수확되는 것은 참으로 놀라운 기적이며 신비스러운 일이다. 이 모든 것은 창조주 하나님의 전지전능하심을 통해 치밀하게 설계되고 구현된 것이다. 이것은 현대 과학이 수천억 원의 돈을 들여서도 그 동작을 흉내조차 낼 수 없다.[45]

---

41   박재환, 위의 책, p. 20.
42   박재환, 위의 책, p. 28.
43   박재환, 위의 책, p. 29.
44   박재환, 위의 책, p. 29.
45   박재환, 위의 책, p. 31.

1) 동물의 생명체

동물은 식물이 생성한 탄수화물을 입으로 섭취하고 호흡을 통해 받아들인 산소를 이용하여 연소시킨 후 동물 생명체의 유지 및 운동에 필요한 에너지를 얻게 된다.[46] 가장 고등한 동물인 인간의 몸을 기준으로 이러한 에너지 대사가 어떻게 이루어지는지 대략적으로 살펴보자.

> 인체는 소화와 흡수, 체온 조절, 순환계 및 내분비계 작동, 운동 등 다양한 영역에서 에너지를 필요로 하며 이러한 에너지는 탄수화물과 같은 유기 영양소로부터 공급된다. 인체의 에너지 대사를 모두 살펴보는 것은 복잡하므로 탄수화물로부터 운동에너지를 만드는 과정만 살펴보자.
>
> 자동차를 움직이려면 연료가 필요하듯이 인간이 근육을 움직여 운동을 하기 위해서는 반드시 적정한 에너지의 공급이 필요하다. 인체를 구동하는 에너지원은 ATP라는 화학물질이다. ATP가 얻어지는 과정을 간략히 정리하면 다음과 같다. 먼저 식물로부터 획득한 탄수화물($C_6H_{12}O_6$)과 물(H_2O)을 구강으로 섭취한 후 소화와 흡수를 통해 근육등과 같은 인체의 각 조직으로 운반된다. 한편 호흡을 통해 섭취한 산소(O_2) 역시 폐에서 흡수되고 동맥과 심장을 거쳐 근육 등 인체의 각 조직으로 운반된다. 인체 세포조직의 미트콘드리아에서는 다음의 식과 같이 당 1분자의 연소에 의해 38개의 ATP를 생성한다.
>
> $C_6H_{12}O_6 + 6H_2O + 6O_2 => 38ATP + 6CO_2 + 12H_2O + 열$[47]

---

46   박재환, 위의 책, p. 32.
47   박재환, 위의 책, p. 32.

음식을 골고루 먹고 물을 적당히 마시면 70-100년 동안 고장나지 않는다. 내가 생존하는 70-80년 동안 내가 몸의 주인노릇하고 있는 것 같으나 미시적 레벨에서 내 몸이 작동하는 메커니즘에 대하여 내가 이해하고 통제할 수 있는 부분은 거의 없다.[48]

이상과 같이 우리는 식물 생명체와 동물생명체에서 이루어지는 에너지 대사의 개략적 내용을 살펴보았다. 더 나아가 생명체의 성장, 자기 복제, 조절과 향상성, 면역 시스템, 감각기관 등을 살펴보면 더 복잡하고 정교한 기술이 숨겨져 있다.[49]

〈소리없이 움직이는 하나님의 질서〉

식물이 열매를 맺고 동물이 움직이는 과정은 인텔 펜티엄 CPU보다 훨씬 더 복잡하고 우주 왕복선이 움직이는 것과 비교할 수 없을 정도로 정교하다. 그러나 이러한 기적 같은 일을 보면서 감탄하거나 놀라지 않는 이유는 무엇일까? 매우 완벽하고 자연스럽기 때문이다. 하나님께서 창조하신 생명체는 완벽하게 작동한다. 거의 고장나지 않으며 스스로 치유하고 스스로 성장하고, 스스로 복제한다. 내면적으로는 신비로운 과학이 숨어 있으나 외형적으로는 쉽고 단순하게 행동한다. 사람들은 우주선을 쏘아 올렸다고 법석을 떨지만 하나님께서 기적 같은 생명체들을 소리 없이 조용히 움직이고 있다. 그래서 있는 듯 없는 듯하다. 자녀를 향한 부모님의 사랑, 세상을 향한 하나님의 사랑은 고요하고 깊다. 그래서 있는

---

48 박재환, 위의 책, p. 35.
49 박재환, 위의 책, p. 35.

듯 없는 듯 하다. 고요하지만 능력있는 생명체들의 모습은 하나님의 성품을 드러내며 이 세상을 향한 하나님의 은혜와 사랑이 어떠한가를 나타내 준다.[50]

이 모든 협동적 생명 질서는 우주와 생명체를 설계한 지적 설계자가 존재함을 암시하고 있다.[51]

피조물에 나타난 질서와 아름다움을 관찰하여 보면 지적 설계가 아름답게 보인다. 가축을 보면 소는 농사일을 돕도록 되어 있고 개는 주인을 보좌하여 집의 안전을 도모하고 재산을 지키는 목적임을 짐작할 수 있다. 소는 생산직이라면 개는 사무직 직원과 같다. 이처럼 가축들의 특징을 관찰해 보면 사람을 돕는 역할을 잘 할 수 있도록 설계된 것을 알 수 있다.[52] 또한 오이가 여는 것이나 꽃과 벌, 나비를 관찰하면 이러한 식물 생명체와 벌, 나비의 관계를 통해 지적 설계자에 의해 지구생명 시스템이 설계된 것임을 알 수 있다.[53]

이 모든 피조물은 인간을 가장 유익하게 하는 방향으로 정교하게 디자인이 되어 있다. 이 모든 사실은 우주만물을 설계하시고 창조하신 하나님의 살아 계심을 가리키고 있다.[54] 오이, 꽃과 나비, 벌, 사과의 표면에 큐티클이라는 투명한 식물성 왁스로 잎을 두른 채 내부에서 엽록체들이 부지런히 광합성을 통해 탄수화물 에너지를 만들고 있다. 식물체가 살아가는 과정은 아름다움과 과학과 질서가 어우러진

---

50   박재환, 위의 책, pp. 36-37.
51   박재환, 위의 책, p. 38.
52   박재환, 위의 책, p. 43.
53   박재환, 위의 책, p. 49.
54   박재환, 위의 책, pp. 50-51.

신비로운 모습이며 이 모든 것을 설계하시고 창조하신 하나님의 살아 계심을 보여 준다.[55]

다음에 관찰할 것은 하나님이 직접 흙으로 만든 사람의 인체 시스템과 생명이다.

2) 인체의 시스템

인간의 몸은 진화가 아닌 지적 설계(Intelligent Design)에 의해 창조되었음을 시사하는 많은 증거들을 보여 준다. 먼저 가장 경이로운 것은 인간의 뇌이다. 100억 개 이상의 뉴런 세포로 구성되어 있으며 이 세포에 저장된 정보는 전 세계 모든 도서관의 장서량을 뛰어넘는 수준이다. 뇌는 단순히 기억하고 계산하는 정도가 아니라 생각하고, 감정을 처리하고 새로운 것을 창조하는 신비한 능력을 가지고 있다. 현대 과학자들은 아직도 뇌가 기억하고 생각하는 메커니즘을 명확히 이해하지 못하고 있다. 과학자들이 발견한 인공지능(Artifical Intelligence)이라는 것은 주어진 조건 내에서 단순한 판단을 하는 것으로 감정을 이해하고 맥락을 헤아리고, 새로운 질서를 창조하는 인간의 두뇌와 감히 비교할 수 없다.[56]

인체는 스스로 치유하는 능력이 있다. 항바이러스 NK세포는 궁극적으로 병균에 저항하고 치유하는 구조도 가지고 있다. 체온이 일정하게 36.5℃로 유지되는 것도 경이적이다.[57] 하나님께서 창조하신 생

---

55 박재환, 위의 책, p. 62.
56 박재환, 위의 책, p. 77.
57 박재환, 위의 책, p. 79.

명체의 신비로운 능력은 성의 결합을 통한 재생산 과정이다. 여성의 수정체는 어머니로부터 절반의 염색체와 유전자를 그리고 아버지로부터 절반의 염색체와 유전자를 기초로 새로운 생명체를 만든다. 임신과 출산을 통한 새 생명의 창조 과정은 참으로 신묘막측하여 인간의 지혜로는 도저히 헤아릴 수 없다.[58] 특히 입에 맛을 느끼게 하는 것도 매우 효과적인 하나님의 설계방법이다. 어린아이 때 생겨나는 유치(幼齒)로 6-8세까지 사용하는 치아가 20개 있다. 어금니에 나는 것은 딱딱한 음식을 먹도록 사람의 생태를 잘 알고 있는 지적 설계로 이해된다.[59]

3) 사람의 가치

사람은 하나님의 형상을 따라 창조된 피조물이다. 선악을 분별하며 영원한 것을 사모하며 의를 행하므로 삶의 의미를 찾을 수 있는 고귀한 존재이다. 그러므로 영적인 측면에서 한 사람의 가치는 형언할 수 없을 만큼 귀하다. 외적으로 부족해 보이는 사람이 있다 해도 그는 무한히 귀한 존재이다.

사람의 몸은 기능적 측면에서도 무척 가치롭다. 얼굴에 있는 감각, 기관들(눈, 코, 귀)은 이 세상에 존재하는 어떤 전자 장비보다 월등히 우수한 기능을 발휘한다. 또한 50-70kg 정도의 체중을 가진 인간의 몸에는 이 세상의 어떤 전기장치, 기계장치, 화학장치보다 뛰어난 순환계, 내분비

---

58 박재환. 위의 책, p. 79.
59 박재환. 위의 책, p. 75.

계, 신경계, 운동계를 갖추고 있으며 그 모든 것들이 작동하는 정교함과 복잡성은 가히 작은 우주와도 같다.

사람의 가치를 돈으로 환산할 수 없지만, 군이 인체의 하드웨어적인 성능을 금액으로 측정한다면 수천억 원 이상의 가치와 기능이 있다. 아침에 잠을 깨어서 침대에서 몸을 일으킬 수 있는 것, 맛있게 식사를 하고 하루를 힘차게 생활하는 것, 몸의 질병과 상처가 치유되는 것, 밤에 잠을 자면서 쉼과 회복을 얻는 것, 이 모든 것들이 기적과도 같이 놀라운 과정이다. 오늘 하루도 나의 생명이 이어지고 있음을 인하여 하나님께 감사하며, 나의 귀한 몸을 가지고 좀 더 가치 있고 보람 있는 일을 해야겠다는 생각을 하게 된다. 나아가 세상에 함께 거하는 모든 사람들을 귀하게 대하고 섬겨야 한다. 모든 사람들은 하나님의 귀한 피조물이기 때문이다.[60]

6. 디자인에 맞게 주신 먹을거리

창세기 1장 29절의 말씀대로 씨 뿌려 농사하여 거둘 수 있는 채소, 풀과 과일 그리고 곡식들은 모두 광합성 작용으로 만들어진 탄수화물이다. 이 탄수화물은 생명체가 살아갈 에너지가 된다. 곧 탄수화물이 생명이 유지되고 작동하는 원천의 에너지가 되는 것이다. 하나님께서 창조하신 지구 생명 시스템은 참으로 방대하여 종류가 매우 많다. 현재까지 파악된 동물의 경우 100만 종 이상이 존재하는 것으로 추정된

---

60 박재환, 위의 책, p. 81.

다.[61]

식물은 30만 종 이상으로 파악된다. 곤충은 학명에 기록된 것이 80만 종이며 이 외에도 조류, 미생물 등을 포함하여 지구상에는 3,000만 종의 생물 종(種)이 존재하는 것으로 추정된다.[62] 필자는 이 넓은 범주의 종에서 동물과 사람이 먹을 수 있는 종류들만 파악해 보려 한다.

1) 원예학 개론의 종류

원예 작물의 분류로서 먼저 채소(菜蔬)이다.

a. **엽경채류**: 입과 줄기를 이용하는 채소로서 좀 더 세분하면 배추, 시금치와 같이 순수한 잎을 이용하는 엽채류, 콜리플라워, 브로콜리와 같이 꽃을 이용한 화채류, 토당귀, 아스파라가스, 죽순과 같은 경채류, 마늘, 양파와 무 일종의 저장엽인 인경을 이용하는 인경채류로 분류한다.[63]

b. **근채류**: 근채류는 뿌리나 지하경(지하줄기)이 비대한 저장 기관을 이용하는 채소인데 무, 당근, 우엉과 같은 직근류 외에 고구마, 마와 같은 괴근류, 감자, 토란 등과 같은 괴경류, 연근, 생강, 고추냉이와 같은 근경류가 있다.[64]

---

61   박재환, 위의 책, p. 83.
62   박재환, 위의 책, p. 84.
63   김종인 외, 『원예학 개론』(서울: 농민신문사, 2007), p. 19.
64   김종인 외, 위의 책, p. 19.

c. **과채류**: 과채류는 다시 자연 분류에 근거하여 완두, 채두와 같은 콩과 채소, 수박, 참외, 오이, 호박등 박과 채소, 토마토, 가지, 고추, 딸기, 옥수수로 분류한다.[65]

〈표 1〉 채소의 원예적 분류[66]

구분		채소의 종류
엽경채류	엽채류 경채류 인경채류 파채류	배추, 양배추, 상추, 시금치, 샐러리 등 아스파라가스, 죽순, 토당귀 등 양파, 파, 마늘, 쪽파, 부추 등 콜리플라워, 브로콜리 등
근채류	직근류 괴근류 괴경류 근경류	무, 당근, 우엉 등 고구마, 마 감자, 토란 생강, 연근, 고추냉이 등
과채류	가지과 박과 콩과 기타	토마토, 고추, 가지 등 수박, 참외, 멜론, 오이, 호박 등 풋대콩, 완두콩 등 딸기, 옥수수

〈표 2〉 채소의 식물학적 분류[67]

구 분		작물의 종류
포자균류	송이버섯	양송이, 느타리, 표고, 팽이버섯 등
단자엽 식물 (외떡잎식물)	벼 과 백합과 생강과 마 과	죽순, 단옥수수 마늘, 파, 양파, 부추, 쪽파, 염교, 달래, 아스파라거스 생강, 양하 마

---

65   김종인 외, 위의 책, p. 20.
66   김종인 외, 위의 책, p. 20.
67   김종인 외, 위의 책, p. 21.

쌍자엽 식물 (쌍떡잎식물)	배추과	배추, 콜리플라워, 브로콜리, 양배추, 순무, 갓, 무 등
	명아주과	비트 근대, 시금치 등
	미나리과	당근, 미나리, 샐러리, 파슬리, 고수, 파스닙, 쌍옆채
	박과	오이, 수박, 참외, 호박, 멜론, 박 등
	가지과	고추, 토마토, 가지, 감자 등
	국화과	상추, 우엉, 쑥갓, 머위, 엔디브 등
	콩과	풋대콩, 완두, 강낭콩, 감자 등
	기타	딸기(장미과), 아욱, 오크라(아욱과), 고구마(매꽃과)

2) 산채의 종류

산채는 산에서 자연으로 발생하여 사람들이 채취해서 먹을 수 있는 채소, 산나물이다. 그러나 사람이 그 씨나 나무를 구해 영농 목적으로 경작할 수 있다. 이것들은 대부분 산에 야생으로 자생하고 있다. 이것들도 하나님이 주신 광합성 식물로서 사람이 채취하여 나물로 먹을 수 있는 아주 좋은 엽록색 채소이다. 광합성이란 녹색의 잎, 그중에서도 엽록체에서 광에너지를 이용하여 대기 중의 이산화탄소(탄소가스)와 뿌리로부터 흡수한 물로 포도당을 합성하고 한편으로 산소를 방출하는 생화학적인 대사 작용이다. 식물의 물질대사 가운데 대표적인 동화작용으로 탄소동화작용($6CO_2 + 12H_2O \rightarrow C_6H_{12}O_6 + 6O_2 + 6H_2O$)이라 한다.[68]

이러한 작용으로 산이나 들에서 자생하는 것을 나물로 먹는다. 산채의 종류는 다음과 같다.

가막살나무, 가죽나무, 개망초, 개미취, 갯방풍, 고비, 고사리, 곰취, 냉이, 다래순, 더덕, 도라지, 돌미나리, 두릅, 둘굴레, 마, 머위, 명아주, 취

---

68 김종인 외, 위의 책, p. 53

나물, 뽕나무, 삽주, 수리취, 곤두래나물, 질경이, 연근, 오미자, 우산나물, 민들레, 미나리, 아자비, 파드득나물, 비듬나물, 모시대나물, 돈나물, 나비나물, 이대, 비비추, 미역취나물, 화살나무(고추잎나물)[69]

3) 약초가 되는 식물의 종류

자연계의 과일과 야채, 곡물은 질병을 예방하고 치료해 주는 물질이 풍부하며 이에 따라 과일과 야채를 골고루 먹기만 하면 질병으로부터 해방이 된다는 분석이 있다. 이는 미국 CNN 방송의료담당 기자인 진 카퍼의 견해다. 카퍼 기자는 건강과 관련된 15권의 저서를 집필한 영양학, 위생학의 권위자이기도 하다. 『식물이 곧 약』이라는 카퍼의 저서에서 발췌, 소개한다.[70]

(1) 가지: 콜레스테롤 흡수 차단역할, 항관절염약

(2) 감자: 류머티스 항세균 효과 뛰어나 요통, 통풍

(3) 고구마: 경련 억제, 이뇨, 월경불순, 유산 예방, 변비 치료

(4) 꿀: 미생물 번식 억제, 살균, 소화 역할

(5) 딸기: 식이섬유 많아 순환계 질환효과, 항암 과일로도 각광

(6) 레몬: 비타민 C 풍부, 괴혈병을 예방, 곰팡이, 회충을 죽이기도 한다.

(7) 버섯: 송이버섯은 살균능력 뛰어나고, 표고버섯은 혈액응고 역할

(8) 마늘: 어떤 항생물질보다 멸균성 뛰어나 가열하면 약효가 대부분 상

---

69   김철영, 『산나물, 들나물』(서울: 전원 문화사, 1994), pp. 4-157.
70   홍문화 외, 『당신의 건강 이렇게 지켜라』(서울: 조선일보사, 1994), p. 166.

실, 일리신 성분, 항암 역할

(9) 보리: 콜레스테롤 억제 성분. 변비 치료 탁월한 효과

(10) 무우청: 뿌리와 잎에 항암 물질

(11) 살구: 폐암, 피부암 등 항암 물질

(12) 브로콜리: 거의 모든 암에 탁월한 효능

(13) 사과: 만병통치 약으로 취급받는 과일의 왕

(14) 생강: 멀미 억제의 큰 효과

(15) 시금치: 암을 예방하는 베타카로틴 다량 함유, 흡연자 폐암 예방

(16) 쌀: 쌀겨 매일 섭취 땐 결석 예방

(17) 양파: 몸에 좋은 HDL 콜레스테롤 수치 높여 심장병 환자 도움

(18) 양배추: 다양한 항암 물질 함유

(19) 옥수수: 옥수수 기름 심장에 좋아

(20) 올리브유: 장수촌 크레타 섬 주민 늘상 섭취

(21) 생강: 멀미 억제의 큰 효과 왕

(22) 자몽: 껍질에 심장질환 예방 물질 많아

(23) 차: 충치 예방, 고혈압, 두통 환자에 효과

(24) 콩: 된장국, 암 발병률 낮춰

(25) 커피: 뇌 활동에 도움

(26) 포도: 세균의 천적인 타닌 다량 함유

(27) 해초: 피를 맑게 하고 관절염 개선

(28) 토마토: 위암, 폐암 등에 효능

(29) 호박: 항암 성분 많고 폐암에 효과[71]

---

71 홍문화 외, 위의 책, pp. 166-203.

한국에는 약이 되는 산야초 연구가들이 있는데 그들의 연구와 발표 문헌은 다음과 같다. 권영한 씨는 약이 되는 산야초 267가지를 연구하여 문헌으로 출간했다.[72] 최진규 씨는 『약이 되는 우리 풀, 꽃, 나무』 1권에서 26종의 약초를 문헌으로 소개하고,[73] 2권에서는 20종의 약초를 수록한 문헌을 출간했다.[74] 장후근 산야초 연구소장은 21가지 약초의 효능을 발표한 중에 질경이가 암세포의 진행율을 80%나 억제하는 것을 발견하였고 그 씨 차전자에는 B형 간염 치료제가 들어 있음을 발견하였다. 또 암이 무서우면 콩과 브로콜리를 먹으라고 그 약효 성분을 밝혀냈다.[75]

신성복 씨는 중국에 건너가 중의대에서 공부하면서 중의학과 약초를 연구하였고 한국 홍채 인성 연구원장과 성경 식물원 미네모아 연구원장으로 일하면서 『하나님이 주신 선물, 성경과 약초』라는 문헌을 출간하였다. 이 문헌에 따르면 여러 가지 병과 그 병에 해당한 약초들을 주신 것도 하나님의 선물이며 특히 채소는 약초 중의 약초라는 것이다. 그는 채소의 약성분을 발표하면서 다음과 같이 말했다.

> 채소는 약초이다. 즉 약(藥)이 되는 풀(草)이다. 단지 우리가 자주 접하는 식물이므로 그 가치를 알지 못할 뿐이다. 인간이 재배하기 전 이 식물들은 줄기, 잎, 뿌리가 야생의 생야채이며 지금의 약초 분류에 속하는 식물이다.

---

72 권영한, 『약이 되는 산야초』(서울: 전원문화사, 1993), pp. 14-172.
73 최진규, 『약이 되는 우리 풀, 꽃, 나무 I』(서울: 한문화, 2008), pp. 13-299.
74 최진규, 『약이 되는 우리 풀, 꽃, 나무 II』(서울: 한문화, 2008), pp. 14-310.
75 홍문화 외, 앞의 책, pp. 204-227.

하나님께서는 인간에게 약초가 필요한 것을 아시고 이미 범죄직후 식물 중 채소의 성분에 모든 약성을 두어 치료시키도록 하셨다. 뿐만 아니라 기후와 토질에 따라 각 지역에서 자라나는 식물의 모양과 약성이 약간씩 다르도록 고안하셨다. 열대에서 자라나는 식물은 수분의 함양을 늘리고 한성(寒性)의 특징을 갖게 하였고, 또한 한(寒)대 식물은 수분의 함양을 줄이고 열성의 특성을 주로 이루게 하셨다. 어떠한 장소에 살든지 그곳에서 채소와 열매를 먹을 때 가장 인체에 적합하도록 약성이 조절되어 있다는 것은 놀라운 사실이다.[76]

한국 천연약물 자원 연구회장 김재길 씨는 충북대학교 약학대학을 나와 대학 약사회 생약연구원으로 일하며 연구, 약학대학 강사로 일하고 있으며 충북대학교 농과대학 신영철 교수는 현재 충북대학교 원예학과 교수로 일하면서 최신 약용식물 재배학을 출판하였다.

이 이론에 의하면 약초(medicinal plant)는 식물의 제체 또 잎, 줄기, 뿌리, 종자 등이 직접 약에 이용되는 식물을 말하며 한약으로 불리기도 한다. 그는 이 책에서 다음과 같이 말한다.

이 약초들은 채취에 의존하는 경우가 많았기 때문에 무분별한 채취로 인한 야생 약초 자원이 고갈될 우려가 크다. 채집할 때 작은 것은 남기고 한편으로 식재로 하는 등 야생 약초의 인공관리도 병행해야 한다. 식물을 보존하고 또 이러한 산업을 발전시키기 위한 재배에 과학적이고 합리

---

76 신성복, 『하나님이 주신 선물 성경과 약초』(서울: 미네모아, 2003), pp. 394-395.

적인 토대를 이룩하고자 한다.[77]

그는 또 약용식물의 경제적 의의를 다음과 같이 말한다.

> 약초의 대부분은 야생과 재배식물에서 비롯된다. 자원이 풍부하고 가격
> 이 저렴하며 사용이 간편할 뿐만 아니라 부작용이 적으며 질병의 치료가
> 현저하고 자양과 장수의 효능이 있기 때문에 많은 사람들의 선호의 대
> 상이 되어 왔다. 더욱이 국민 경제의 발달과 생활수준의 향상에 따라 약
> 초의 수요가 해마다 증가하고 있는 추세. 이에 따라 약재의 생산과 약,
> 원료의 확대, 발전으로 보건 사업을 충족시키고 수출을 확대하여 외화
> 수입 증대와 세계 의학의 발전을 위하여 공헌해야 한다.[78]

이렇게 하나님이 명하여 먹을거리로 주신 씨 뿌려 가꾸고 거둔 씨
맺는 과일과 채소 그리고 곡식은 사람들의 생명의 에너지가 되고, 몸
에 좋은 약이 되어 생명 유지 보존에 절대 필요로 작용하게 되어 건
강을 누리도록 설계하심이 증명된다. 또한 농사의 일, 경작하는 일,
재배하여 경제적 이득과 국민건강에 귀한 산업을 주신 것도 큰 선물
이다. 이러한 지적 설계가 하나님의 깊은 뜻임을 증거하는 연구가 계
속 발전되어야 한다.

또한 자연과 농사, 경제, 의학에만 국한되는 것이 아니라 성경에 기
록된 하나님의 말씀에 따른 지적 설계 이론과 깊은 관계성을 갖고 있

---

77   김재길, 신영철, 『최신 약용식물 재배학』(서울: 남산랑, 1992), p. 51.

78   김재길, 신영철, 위의 책, pp. 51-52.

다. 이것은 하나님이 주신 규례와 법도이므로 이것을 잘 지켜야 사람이 건강한 몸으로 생명을 누리며 행복하게 살 수 있다. 특히 이 모든 것은 흙에서 솟아오르도록 하신 하나님의 명령에 의한 것이다. 사람의 몸을 흙으로 만드시고 그의 설계에 맞게 먹을거리를 먹게 하신 이유가 흙의 성분 34가지와 몸에 필요한 것, 34가지가 일치하는 이유이다.[79]

4) 곡식의 종류

곡식은 하나님이 명하시고 주신 먹을거리로서 땅에서 경작하여 생산하도록 한 것이다. 곡식은 세계 여러 나라 지역과 온도에 따라 재배되는 농사의 생산물이다.[80] 이것은 주곡농사, 식용작물(Food Crops)이라고 한다. 이 작물의 종류와 한국의 농업에서 생산되는 것을 관찰하여 그 종류대로 분류하면, 벼(쌀), 보리, 밀, 호밀, 조, 옥수수, 수수, 메밀, 콩, 팥, 녹두, 땅콩, 강낭콩, 완두콩, 참깨, 들깨, 봉귀리 등이다.[81] 세계 식량으로 경작되는 작물은 밀, 보리, 옥수수, 쌀, 콩이다. 이 곡식들은 우리 몸에 절대 필요한 탄수화물이다. 이런 농사의 재배법은 농업개론에 자세히 기재된 기술로, 그 방법들도 과학기술의 발달과 함께 계속 품종의 개량이나 다량 생산기술들이 개발되고 있다.

---

79 임범삼, 『잃어버린 생명나무를 찾아서(상)』(서울: 도서출판 창조과학회, 2002), p. 262.
80 조재영 외, 『한국 농업개론』(서울: 향문사, 1994), p. 102.
81 조재영 외, 위의 책, pp. 102-121.

5) 과일의 종류

과일도 하나님께서 창조하신 것으로 씨 뿌려 가꾸어야 한다. 과일은 씨 가진 나무 열매로서 사람들이 먹고 살아야 하는 필수 영양소와 약효 성분이 들어 있다. 이 과일들도 계절에 따라 열매를 맺으며 사람들이 가꾸어 생산할 수 있는 하나님의 선물이다. 또 좀 더 맛있게 하고 좀 더 많이 수확할 수 있게 해 주는 과수원예농법 기술이 날이 갈수록 발달하고 있다. 그 종류를 보면 이것도 세계 여러 나라의 기후와 토질과 온도에서 사람이 먹고 살 수 있도록 생산하게 되어 있다.[82]

과실이나 채소를 한낱 군것질이나 또는 먹어도 그만 안 먹어도 그만의 식품으로 알아서는 안 된다. 과일은 필수 양약식품이다.[83]

과수 원예학에서 주로 다루는 과일들이 있다. 한국에서 90여 년 전부터 재배되는 것이 사과이다. 이 사과는 카자흐스탄의 알마타가 원산지이다. 그 지역 산지에는 인공 재배가 아닌 자연산으로 사과가 열려 따서 먹기만 하면 되는 곳이 있다. 알마타는 원래 사과란 뜻을 갖고 있어 과일의 이름이 지명화한 곳이다. 그 밖에도 사과는 세계 여러 나라에서 사과 과수원을 만들고 가꾸고 품종을 개발하여 우수한 품종들을 생산하는 과수원예농업의 주 과목이다. 세계 여러 나라에서 자연산으로 생산되고 재배(경작)되는 과일이다.

배는 한국에서 생산되는 것이 제일 좋은 맛과 품질을 자랑한다. 서양의 배나 기타 다른 나라에서 생산되는 것은 품질이 우수하지 못하다.

---

82 조재영 외, 앞의 책, pp. 134-135.
83 조재영 외, 위의 책, p. 135.

포도는 세계 여러 나라에서 생산되는 여러 가지 품종들이 있고 다량생산하여 과일로도 사용하는 건포도 종류와 포도주(와인)를 만드는 가공용으로도 생산량이 대단하다.[84] 포도의 종류는 100가지가 넘는다.

그리고 그밖의 과일 종류들을 보면 다음과 같이 다양하다.

복숭아, 감귤, 오렌지, 감, 망고, 수박, 멜론, 참외, 무화과, 석류, 대추, 대추야자, 두리안, 한라봉, 유자, 밤, 잣, 살구, 자두, 용과, 파파야, 바나나, 파인애플, 파프리카, 체리, 리치, 아보카도 등등 여러 종류들이 있다. 이러한 것들은 하나님께서 자연물로 또는 농산물로 생산하여 먹도록 사람에게 주신 것들이다. 이것들은 성경과 무관한 것들이 아니다. 이것들이 땅에서 솟아오르도록 하여 경작하여 생산하고 먹으라는 먹을거리, 즉 양식으로 우리에게 주신 것이다.

---

84 조재영 외, 위의 책, pp. 136-143.

제3장

학자들의 견해와 문헌 연구

1. 구약신학적 관점

오토 J. 밥(Otto J. Baab) 교수는 『구약성서 신학』에서 "살아 계신 하나님은 구약성경의 독특한 신관이다. 이것은 역사 가운데 행동하시고 구원이란 위대한 일을 하시며 인간들 가운데 그 능력을 나타내시는 하나님을 의미한다."[1]고 설명한다.

이스라엘의 하나님은 인격적이시다. 하나님의 생명은 단순히 행동과 의식을 훨씬 초월한 인격적 생명이시다.[2] 그는 거룩하신 하나님

---

1   Otto J. Baab, *The Theology of the Old Testament*, 박대선 역, 『구약성서 신학』(서울: 대한기독교서회, 1970), p. 26.

2   Otto J. Baab, 위의 책, p. 30.

으로서 차원이 다르며 구별되신다.[3] 또 하나님은 속죄를 통해 인간의 생명과 관계를 갖고 있는 살아 계시고, 인격적이시고, 거룩하신 영적 존재이시다.[4] 또한 하나님은 창조주이시다. 창조에는 무한한 능력과 지혜가 있어서 그분의 뜻대로 창조하신 유일하신 분이 하나님이시다. 성경 첫 부분에 등장하는 창세기는 그의 뜻과 목적과 계시를 설명한다. 창조물의 주인이 되시고 사람을 사용하여 다스리고 계시고, 땅 위에 곡식과 과실을 맺게 하는 나무의 출현과 바다와 육지에 사는 동물들과 그리고 최후로 그가 만드신 남자와 여자의 발생된 경위가 훌륭하게 기록되어 있다.[5] 여기서 질서, 우주력, 지적 목적 그리고 거룩한 신이 생생하게 그려져 있는 것을 볼 수 있다. 하나님은 초월신으로서 창조하신 우주 안에서 활동하시는 분이 아니고 오히려 외부에 계셔서 명령과 단순한 발언으로서 그의 예정하신 목적을 성취하신다.[6] 신은 하나님 밖에 없는 유일하신 오직 한 분이시다.

예언자 호세아는 신은 유일하신 하나님 한 분 뿐임을 다음과 같이 혁명적으로 선언하였다.

> 곡식과 새포도주와 기름은 내가 저에게 준 것이요 저희가 바알을 위하여 쓴 은과 금도 내가 저에게 더하여 준 것이어늘 저가 알지 못하는도다 (호 2:8).

---

3 Otto J. Baab, 위의 책, p. 38.
4 Otto J. Baab, 위의 책, p. 45.
5 Otto J. Baab, 위의 책, p. 51.
6 Otto J. Baab, 위의 책, p. 51.

이는 이사야의 예언에도 잘 나타나 있다.

> 대저 여호와께서 이같이 말씀하시되 하늘을 창조하신 이 그는 하나님이
> 시니 그가 땅을 지으시고 그것을 만드셨으며 그것을 견고하게 하시되 혼
> 돈하게 창조하지 아니하시고 사람이 거주하게 그것을 지으셨으니 나는
> 여호와라 나 외에 다른 이가 없느니라(사 45:18).

> 이 일을 이전부터 보인 자가 누구냐 예로부터 고한 자가 누구냐 나 여호
> 와가 아니냐 나 외에 다른 신이 없나니…나는 하나님이라 다른 이가 없
> 음이니라(사 45:21-22).[7]

원용국 교수는 그의 저서 『모세 5경』에서 창조의 목적을 다음과 같
이 설명하고 있다.

> ① 하나님의 존재를 기정사실로 선포하고 하나님의 존재 방법과 상태
>   를 기록하지 않으며 이에 대한 설명이나 서술을 하고 있지 않음을 보
>   여 준다. 이는 하나님의 존재를 의당한 것으로 신앙으로 받아들인다
>   (창 1:1, 3, 4).
> ② 하나님은 우주와 만물의 창조자이심을 나타내며
> ③ 하나님은 모든 창조물을 유지하고, 통치하시며, 모든 일들을 섭리하
>   시는 섭리자이시며
> ④ 하나님은 우리 인간이 섬길 유일한 신과 전능하신 하나님이심을 믿게

---

7   Otto J. Baab, 위의 책, p. 64.

하는데, 이 신앙의 기초는 하나님의 창조물들이 나타내는 하나님의 계시로 보며 이 계시는 점진적이다. 즉 하나님에 관한 진리는 세계의 창조와 사람의 창조며 하나님과 관계된 인간 문제는 사랑의 언약, 죄로 인한 인간의 타락, 은혜의 언약 그리고 조상들의 생활 등을 보여 주고 있다.[8]

김회권 교수는 그의 저서『모세오경』1권에서 오경을 꿰뚫고 흐르는 주제는

이스라엘의 하나님 야훼는 창조주 하나님이며 이스라엘의 왕이시다라는 신앙고백이다. 삼라만상과 우주의 창조주 하나님이 이스라엘과 열방의 왕이시다.[9]

이집트와 바벨론의 창조 설화에 해와 달, 채소와 뇌우의 신들이 각기 존재한다 하였으나 이스라엘의 하나님만이 해, 달, 별, 돌, 바다, 채소, 다산과 풍요, 생명과 죽음 등 자연 안에 일어나는 모든 힘들을 통합하고 주관한다. 하나님의 말씀은 하나님의 뜻하신 바를 이루신다(사 55:10-11).[10] 또 신명기 26장 59절에 나오는 의식은 추수 축제와 연관되어 있다.

그것은 이스라엘이 가나안 땅에 정착하여 농경 생활로 이행한 후

---

8   원용국,『모세오경』(서울: 호서문화사, 1990), p. 55.
9   김회권,『하나님 나라 신학의 관점에서 읽는 모세오경 Ⅰ』(서울: 대한기독교서회, 2005), p. 17.
10   김회권, 위의 책, p. 39.

한참 뒤에 나타난다. 창세기 12장 7절에 의하면 여호와는 세겜에서 아브라함에게 "내가 이 땅을 네 자손에게 주리라"는 약속을 통해 이스라엘에게 가나안 땅을 주셨다. 이는 하나님이 땅의 주인으로서 하신 일이다.[11]

장로회신학대학에서 구약학을 가르치는 박동현 교수는 창세기 1장 11-12절을 다음과 같이 번역하였다.

> (11) 하나님께서 이르셨다. "땅은 녹색 움과 씨 맺는 풀과 씨가 든 땅 위의 갖가지 열매 맺는 갖가지 나무가 움 돋게 하여라." 그랬더니 그렇게 되었다.
>
> (12) 땅이 녹색 움과 갖가지 씨 맺는 풀과 씨가 든 갖가지 열매 맺는 나무가 솟아나게 하였는데 하나님께서 보시니 그것이 좋았다.[12]

땅에 '녹색 움과 씨 맺는 풀과 열매를 맺는 나무들이 있으라'는 구절은 히브리 단어로 "타데쉬(אשָׁדְתַּ)"인데 명령형이다. "돋아나다", "생겨나다", "움 돋아 올라오다"[13]는 뜻을 갖고 있다. 야짜(אצָי)의 히필형 동사 (사역형)로 호찌(איצִוֹה)의 미래사역형 동사로서 그 무엇이 밖으로 나오도록 한다는 뜻을 지닌다. 그리하여 "땅이 식물을 솟아올라 오게 한다"는 표현은 식물들을 밖으로 끄집어낸다는 뜻이다.[14]

11 Bernhard W. Anderson, *Understanding The Old Tastament*, 강성열 외 1인 역, 『구약성서이해』 (서울: 크리스천다이제스트, 1994), p. 142.
12 박동현, 『예언과 목회 Ⅰ』(서울: 장로교출판사, 1997), p. 326.
13 박동현, 위의 책, p. 327.
14 박동현, 위의 책, p. 328.

본문은 이처럼 하나님께서 식물을 땅에 심으셨다, 만드셨다 하지 않고 땅이 식물을 솟아나게 만들도록, 땅 속에 들어 있던 것이 밖으로 나오도록 하는 것을 땅에게 명령하신 식으로 표현하고 있다. 이러한 표현 방식이 뜻하고자 하는 바는 무엇인가? 이는 곧 땅이 그 가운데 생명을 지니고 있음을 말해 준다. 땅에서 솟아날 식물들의 씨앗조차도 땅이 스스로 낸 것인가 아니면 그것은 하나님께서 주시는 것인가에 대하여는 본문이 아무런 말도 하지 않는다. 온누리에 하나님이 지으신 바라고 할 때 식물이라는 생명 자체는 하나님께서 주시는 것이라고 볼 수 있다. 그렇다면 땅은 하나님께서 이 세상에 내시려는 식물 생명을 그 가운데 품고 있다고 할 수 있다.[15]

땅은 그 가운데 생명을 품고 있다. 생명을 품고 있다가 밖으로 끄집어내는 땅 역시 살아 있음을 우리는 깨닫게 된다.[16] 이를 통해 땅을 경작하여 식물이 솟아올라 오게 만들고 풍성하게 살라 하신 하나님의 창조의 뜻을 알 수 있다.

또한 박동현 교수는 창세기 2장 5절을 다음과 같이 번역하였다.

아무런 들덤불도 땅에 아직 없었고 아무런 들풀도 아직 싹트지 않았다. 여호와께서 땅에 비를 내리지 아니하셨고 땅을 갈 사람도 없었기 때문이다.

---

15 박동현, 위의 책, p. 328.
16 박동현, 위의 책, p. 328.

이 구절은 하나님께서 사람을 지으시기 전 이 땅의 모습이 어떠했던가를 그리고 있다. 땅은 있으되 하나님께서 비를 내리시지 않으시고 그 땅을 갈 사람도 없어서 땅에 식물이 돋아나지 않았다는 것이다. 아직 땅이 식물을 내지 못한 상태에 있다.[17]

이것은 땅을 갈 사람이 있어야 땅에 식물이 나지, 땅을 갈 사람이 없으면 하나님께서도 식물을 나게 하실 수 없다는 잘못된 해석이 될 수 있다. 그러나 이 구절은 그런 뜻이 아니라 땅을 갈아 식물을 내는 일은 사람에게 맡기고 하나님은 비를 주어 경작하게(耕作) 하였다는 뜻이다.

> "너희는 무엇보다도 땅을 갈아 식물을 내라!" 이런 목소리를 창세기 2장 5절에서 듣게 되는 것이다.[18] 현대 문명은 이를 1차 산업이라고 한다. "또 내가 너희 인간들에게 맡긴 일, 땅을 가는 일을 하면 어리석다고 하는 너희, 참으로 어리석은 사람들아! 땅을 가는 사람이 있어야 땅이 식물을 내지, 땅을 가는 사람이 없이 너희 세상이 유지될 것 같으냐?" 이렇게 하나님께서 오늘 우리에게 이 구절을 통하여 말씀하고 계시다고 생각할 수 있지 않겠는가?[19]

흔히들 농사짓는 것은 세상 일이고, 교회에 나와서 예배 드리고 이런 저런 일을 하는 것만이 주님의 일이라고 하는 것은 옳지 않음을

---

17   박동현, 위의 책, p. 332.
18   박동현, 위의 책, p. 333.
19   박동현, 위의 책, p. 334.

알게 된다.[20]

2. 농민신학적 관점

필자는 하나님의 말씀과 인간의 건강 문제의 관계를 알아보려고 먼저 성경적 근거를 찾아보고 다음에 이에 대한 구약신학자들의 견해를 살펴보았다. 이제 인간의 건강 문제를 신학적인 관점에서 하나님의 말씀과 어떻게 관계맺고 연결할 것인가를 연구한 다음 우리가 행하여야 할 길을 찾아야 한다.

신학이란 종교, 특히 기독교의 교리 및 신앙생활의 윤리를 연구하는 학문이다.[21] 유진열 교수는 『21세기 현대 신학』이라는 저서를 출간하고 다음과 같이 신학을 정의한다.

> 신학이란 무엇인가?에서 좁은 의미로 신학은 글자 그대로 신에 관한 학문이다.[22]

> 기독교 신학은 교회가 신봉하는 하나님을 이해하고 알아가려는 학문이다. 이 신학에서 관심을 가지는 분야는 신의 존재와 정체이다. 신이 존재하느냐 하는 문제를 다루면서 또 존재한다면 그는 어떤 분인가 하는 것을 탐구한다. 더 나아가 이 신학은 신의 성품, 섭리, 세계와의 관계, 활동

---

20 박동현, 위의 책, p. 337.
21 이희승, 『국어대사전』(서울: 민중서관, 1978), p. 1822.
22 유진열, 『21세기 현대신학』(서울: 대한기독교서회, 2010), p. 19.

방식, 인류 구원을 위한 계획 등을 주요한 주제로 삼는다. 이런 입장을 잘 보여 주는 정의를 판넨베르크에서 찾을 수 있다. 그는 신학을 하나님의 과학(The Science of God)이라고 말한다. 물론 그가 신학을 좁은 의미로 이해하는 것은 아니지만 이 정의는 신학이 주로 하나님을 중심으로 이루어진다는 점을 말해 주고 있다.

사실 신학에서 신론이 중요한 것이요, 그렇게 다루어져야 하는 것이라는 데 이견이 있을 수 없다. 기독교인은 하나님의 존재와 사랑과 구원을 신앙의 대전제로 삼고 살아가는 사람이다. 그에게 신은 자신과 세상의 존재와 근원이요 삶의 의미를 부여하는 절대자이다. 지구가 태양을 중심으로 그 주위를 돌고 있을 때 생존할 수 있듯이 신자는 그분을 중심으로 살아갈 때 비로소 생존하게 되는 것이다. 신앙인에게 창조주 하나님은 모든 것에 대한 모든 것이 되는 존재로서 인식되고 있다. 그래서 신학의 초점도 신이어야 한다고 볼 수 있다.[23]

또한 통상적인 의미에서 신학은 기독교가 신앙의 내용으로 삼는 모든 것에 대한 학문이다.[24]

여기에는 교회가 진리라고 주장하고 선포하는 모든 것이 포함된다. 신은 물론이요, 예수 그리스도, 성령, 교회, 인간의 정체와 운명, 구원의 방식과 의미, 악의 문제, 영혼과 육체, 사후 세계, 부활과 심판, 천국과 지옥, 기적, 예배, 교육, 설교, 상담 등과 같은 문제를 다룬다. 이런 인물에 대

---

23 유진열, 위의 책, p. 20.
24 유진열, 위의 책, p. 20.

하여 나타난 계시를 이성적으로 해설하려는 것이 이 신학의 활동적인 것이다. 이를 위해 성경에 산발적으로 나타나는 자료들을 종합하고 분석하며 체계화하는 일이 진행된다.[25]

넓은 의미에서 신학은 모든 진리(진실, truth or truth)를 다루는 학문이다.[26]

이 말은 여러 학문에서 발견된 사실들도 인간의 삶과 행복에 영향을 미치는 것이므로 그들을 성경적 입장에서 해석할 필요가 있다는 말이다. 어떤 사실이 복음의 관점에서 바르게 설명이 되면 그것은 더 깊고 통합적인 진실이 될 수 있다. 이런 설명이 가능한 이유는 신자가 가지는 신앙적 전제에 있다. 신자는 신의 실존과 사랑을 기초로 하여 삶을 영위하며 삼라만상의 모든 진실의 근원이 신에게 있음을 고백한다. 그에게 모든 진리는 곧 신의 진리에 속하는 것이다. 학문은 무엇이든지 창조주가 만든 세상의 일을 탐구의 대상으로 삼고 있으며 그 연구의 결과로 얻어지는 진실을 신이 부여한 것을 발견하는 것뿐이다. 그런데 그 진실이 인류를 해방시키는 온전한 지식이 되기 위해서는 그것을 조물주 하나님과의 관계 속에서 이해해야만 한다. 그 지식 자체로는 아무런 의미가 없다. 그래서 그것이 참 진리의 기준인 성경의 안목에서 설명되어야 하는데 그 일을 신학이 할 수 있는 것이다.[27]

창세기 1장 29-30절을 보면 하나님께서 창조하신 사람과 동물들에

---

25 유진열, 위의 책, p. 20.
26 유진열, 위의 책, p. 21.
27 유진열, 위의 책, p. 21.

게 주신 채소, 풀, 씨 맺는 과일과 씨 뿌려 거둔 곡식을 먹을거리로 주셨다는 내용이 나온다. 땅을 갈고 가꾸어서 그런 종류들이 땅에서 솟아오르도록 하고 땅에 품고 있는 그 생명체들을 밖으로 끄집어내어서 먹도록 하는 것이 농사(농업), 즉 1차 산업에 해당한다. 그 일을 하는 사람들이 농민이다. 이 신학이 농민들에게 할 말이 있는가?라는 질문으로 농민 신학을 주창한 학자가 있다. 그는 장로회신학대학에서 구약학을 가르치는 박동현 교수이다. 그의 농민신학을 살펴보자.

> 무엇이 농민신학일까? 농민신학이란 농민의 신학이라 할 수 있다. 농민의 신학이라 함은 농민을 대상으로 하는 신학이다. 그보다는 농민을 중심으로 한 신학을 뜻한다.[28]

> 이것은 농민을 위한 신학이라 할 수 있다.[29]

> 농민의 정체성은 누구인가? 먼저 농민은 농사하는 사람이다. 농사는 "논밭을 갈아 농작물을 심어 가꾸고 거두는 일"이다. 곧 땅을 갈아 먹을 것을 내는 일을 농사라 할 수 있다.[30] 농민들이 갈아 농사하는 땅은 성경에서 예레츠(ץ־א)인데 경작지를 의미한다. 이 땅은 저절로 생겨난 것이 아니다. 하나님이 지으신 것이다(창 1:9-10). 그 땅은 피조물 가운데 하나인 땅이 그 속에 생명을 품고 있다가 내어놓는 살아 있는 피조물이어서

---

28 박동현, 『예언과 목회 II』(서울: 한국장로교출판사, 1995), p. 167.
29 박동현, 위의 책, p. 167.
30 박동현, 위의 책, p. 168.

어떤 점에서 창조의 동역자라 할 수 있다.[31] 하나님이 땅을 창조하시고 그 땅은 또 다시 하나님이 맡겨 주신 대로 또 다른 생명체를 생산(창조)하는 피조-창조의 이중적 역할을 감당하고 있는 것이다. 땅과 사람은 그 뿌리가 같다.[32]

여호와 하나님이 흙으로 사람을 지으시고 생기를 그 코에 불어넣으시니 사람이 생령이 된지라(창 2:7).

그리고 사람은 하나님께로부터 하나님이 주신 땅을 갈 책임을 맡았다.[33]

여호와 하나님이 땅에 비를 내리지 아니하셨고 땅을 갈 사람도 없으므로 들에는 초목이 아직 없었고 밭에는 채소가 나지 아니하였으며(창 2:5).

여호와 하나님이 그 사람을 이끌어 에덴 동산에 두어 그것을 경작하며 지키게 하시고(창 2:15).

농민은 먹을 것을 생산하는 사람으로 땅을 갈 사람, 경작할 사람이다. 농민은 사람의 생명과 직접 관계되는 일을 하는 사람으로 하나님과의 관계에서 사명을 받은 사람이다.[34]

박동현 교수는 농민신학은 왜 필요한가?라는 질문을 던진다. 그 이

---

31 박동현, 위의 책, p. 170.
32 박동현, 위의 책, p. 171.
33 박동현, 위의 책, p. 171.
34 박동현, 위의 책, p. 172.

유는 "하나님이 지으신 세계 안에서 사람의 본분을 제대로 이해하는데 농민 신학이 크게 이바지할 뿐만 아니라 성경이 가르치는 하나님을 이해하는 데 매우 본질적이기 때문"이다.[35]

또한 농민신학은 올바른 하나님 이해에 이바지할 수 있다. 하나님을 농부로 표현한 말이 요한복음 15장에 있는데, 거기에 있는 "나는 참 포도나무요 내 아버지는 농부라(요 15:1)."는 말씀은 가을걷이의 추수, 감사절의 의미를 알게 한다. 그리고 농민신학은 사람의 본성 이해를 깊게 한다. 그러므로 하나님과 땅과 사람의 바른 관계를 밝히고 이루도록 하는데 농민신학이 절대 필요하다고 하겠다.[36]

다음으로 그는 농민신학을 어떤 방향으로 할 것인가?를 질문한다. 농민신학은 하나님의 창조 질서 안에서 농민이 차지하는 자리를 밝히고 찾아 주는 방향으로 창조주 하나님에 대한 신앙고백을 실천하도록 하는 데에 이바지해야 한다고 말한다. 한 마디로 하나님의 창조 섭리 가운데 농민과 농민 활동의 가치를 새롭게 발견하여 풀이해 주어야 한다. 그리하여 농민신학은 농민의 삶을 담아내는 신학이 되어야 한다. 이러함으로 농민신학은 하나님을 기쁘게 하는 신학이 되어야 한다.[37] 이 농민신학은 하나님이 주신 땅을 사랑하는 마음이 없이는 제대로 이해할 수 없다. 따라서 땅을 사랑하는 마음이 있다면 농민신학은 누구에게나 열려 있다. 다시 말해 농민신학은 농민만을 위한 신학이 아니라 모든 기독교인들을 위한 신학, 더 나아가서는 모든 사람과 피조물 세계 모두를 보듬는 온누리를 위한 신학이 될 수 있다. 이 점을

---

35   박동현, 위의 책, p. 176.
36   박동현, 위의 책, p. 177.
37   박동현, 위의 책, p. 179.

한 시라도 소홀히 하지 않는 방향으로 농민 신학 꼴이 갖추어져야 할 것이다.[38]

3. 영성신학적 조명

창조과학회 회원인 박재환 박사는 "어떤 삶을 살면 행복해질 수 있을까?"[39]라는 질문에 "하나님의 영성을 따라 지음받은 사람이 행복하게 되는 것은 결코 물질의 풍족함에 있지 않습니다. 하나님께서 인간을 창조하신 목적에 맞게 살아갈 때 참된 행복과 만족이 있다고 생각됩니다."[40] 또 "이웃을 돌아보며 사랑과 선행을 베풀며, 좌절하여 넘어져 있는 사람을 붙들어 일으키며, 지구 생명 공동체를 살려 나가는 인생이 진정 행복하고 축복된 삶이라 굳게 믿습니다."[41]라고 대답했다.

그러므로 본서의 논지인 "하나님의 말씀과 인류의 건강"은 영성신학과도 밀접한 관계가 있다. 요셉 리차드(Joseph Richard)는 '영성'에 대해 이렇게 말한다.

> 나는 영성에 의해 각 그리스도인들이 그리스도의 구원적 선교와 개인적으로 동화되며 그것은 그리스도인의 행동양식을 포함한 새로운 틀 속에 넣어진다고 주장한다.[42]

---

38   박동현, 위의 책, p. 185.
39   박재환, 앞의 책, p. 291.
40   박재환, 위의 책, p. 291.
41   박재환, 위의 책, p. 292.
42   Joseph Richaard, *The Spirituality of John Calvin*, 한국칼빈주의연구원 역, 『칼빈의 영성』(서

영성이란 개념은 신성함 속에 진보할 수 있는 가능성이 있으며 완전을 향한 노력의 필요가 있으며 그러한 완전을 얻기 위한 확신의 수단과 방법이 있음을 의미한다.[43]

역사 속에서 영향을 불러일으키며 그리스도인의 영성은 카리스마적인 면이 훌륭하게 실현되어 왔다.[44]

영성의 한 흐름으로서 근대적 경건은 15, 16세기 동안에 번성했다.[45] 고전적인 의미에서 경건은 신들에 대한 습관화된 숭배와 복종을 의미한다. 경건은 독실한 생활, 헌신적 생활, 종교적 생활을 의미한다. 경건은 또한 양친과 상전에게 빚진 의무들에 대한 충성을 의미한다.[46] 경건은 칼빈에 있어서 하나님을 향한 인간의 바른 태도, 진정한 지식과 진정한 예배를 포함한 예배의 진정한 태도를 가리키는 포괄적인 용어이다.[47] 이러한 경건은 독일에서 종교개혁 후에 개신교를 중심으로 기독교 신앙에 대한 근본적인 물음(질문)들이 자연스럽게 제기되기 시작한 것과 관련이 있다.

이 질문에 대해 요한 아른트(John Arendt)는 『진실한 기독교』라는 저서에서 경건주의자들에게 있어서 믿음의 열매는 그리스도의 사랑을 실천함에 있다. 기독교는 하나님의 말씀을 아는 것이 아니라 하나님의 말씀을 실천하는 행위라고 말한다.[48] 따라서 영성 곧 경건은 하나님의 말씀을 실천하는 행위, 즉 삶이라고 할 수 있다.

울: 기독교문화사, 1997), p. 15.
43   Joseph Richaard, 위의 책, p. 15.
44   Joseph Richaard, 위의 책, p. 16.
45   Joseph Richaard, 위의 책, p. 27.
46   Joseph Richaard, 위의 책, pp. 121-122.
47   Joseph Richaard, 위의 책, p. 138.
48   배경식, 『경건과 신앙』(서울: 한국장로교출판사, 2002), p. 55.

영성신학자인 류기종 교수는 그의 저서에서, "기독교 영성은 하나님의 말씀인 성경으로부터 비롯되는 성경의 열매(산물)라고 말할 수 있다. 왜냐하면 기독교 영성의 모든 주제와 내용이 성경에 근거하고 있기 때문이다." 즉 기독교 영성의 핵심주제는 하나님과 우리 인간과의 바른 관계성 회복(형성)과 증진이라고 말할 수 있는데 성경의 모든 말씀(책)들이 바로 이 주제에 관해서 말하고 있기 때문이다.[49]

기독교의 영성은 예수 그리스도가 원천이며 최고의 모범이다. 따라서 기독교의 영성은 우리의 삶 속에서 예수 그리스도의 삶과 영성을 재현하는 일이라 할 수 있다.[50] 그것은 예수 그리스도의 사랑에서 보여 주신 하나님의 사랑의 깊이, 내재성의 체험, 신적 생명과 사랑 안에서 만유와 만민의 연대성과 하나 됨 그리고 나와 너, 하늘과 땅, 시간과 영원 등의 모든 대립이 사라지는 경험과 인식에 기초하는 것이다.[51] 그러므로 기독교 영성은 단순히 성령체험이나 어떤 은사체험에 목적이 있는 것이 아니라 성령의 도우심으로 그리스도와 하나님을 올바로 알고 체험하여 그분의 뜻대로 살게 하는데 그 목적이 있다.[52] 이 영성은 하나님의 창조 세계인 만물, 하나하나의 존재 의미와 가치와 목적, 즉 그들의 참된 실상을 파악하려 한다.

하나님께서는 왜 이 천지만물을 창조하셨을까? 광대무변한 우주, 수없이 많은 별들과 행성들 그리고 삼라만상이 깃들어 있는 이 지구, 춘하추

---

49   류기종, 『기독교 영성(영성신학의 재발견)』(서울: 도서출판 열림, 1994), p. 9.
50   류기종, 위의 책, p. 11.
51   류기종, 위의 책, p. 11.
52   류기종, 위의 책, p. 12.

동의 계절의 변화, 시간의 흐름과 역사의 진행, 낮과 밤, 해뜸과 해짐, 공기와 바람, 산과 계곡과 바다, 수많은 나무와 풀들과 꽃들, 그 각각의 색깔과 향기, 각종 짐승들과 어류들과 조류들 및 그들의 갖가지 울음소리, 이들 모두는 왜 존재하는 것이며, 무엇을 위한 것이며, 종국에는 어떻게 될 것인가? 창세기 기자는 "태초에 하나님이 말씀으로 천지만물을 창조하시고 그 손수 만든 것을 보시니 보시기에 심히 좋았다."라고 기록하였다(창 1:31).[53]

그는 기독교 영성의 본질과 특성을 다음과 같이 요약한다.

기독교 영성은 예수 그리스도의 말씀과 삶을 철저하게 실천하고 따르려는 예수 따름의 영성으로서 어디까지나 성경에 기초를 둔 성경적 영성이라고 말할 수 있다.[54]

즉 기독교 영성은 성경에 기초하여 예수 그리스도와 하나님 그리고 성령의 활동 중심이 되는 삼위일체적 신앙에 근거한 영성이며 거기에 인간의 영성적 정진이 결합된 영성이라고 말할 수 있다.[55] 그렇다면 기독교 영성은 하나님의 은총의 역사와 함께 인간의 믿음의 응답과 영적 정진과 노력이 결합된 신인합동론적(Synergistic)인 영성이라고 말할 수 있다.[56] 이러한 영성은 세상으로부터 도피적인 인간의 욕구 충

---

53 류기종, 위의 책, p. 17.
54 류기종, 위의 책, p. 29.
55 류기종, 위의 책, p. 30.
56 류기종, 위의 책, p. 30.

족을 위한 추구가 아니라 우리의 신앙생활과 교회 생활 속에서 하나님과 깊은 관계를 추구하며 거기서 하나님의 뜻을 실행에 옮기는 강한 실천적 영성이며 생활의 영성인 것이다.[57]

이러한 영성은 이 세상 우리 삶의 현장에서 하나님의 뜻을 구현하는 섬김과 헌신의 영성이 되어야 한다. 이러한 삶의 기본이 생명과 건강에 있다. 이를 위해 먹을거리, 음식 문화에 있어서 하나님의 뜻대로 디자인 된 것을 경작하여 생산하고, 먹고, 건강을 유지하는 것이 기본이다. 이것이 하나님이 주신 먹을거리를 생산, 운반, 분배, 식사하는 행함으로 보아야 한다.

이와 같은 영성신학에 따른 영성 운동이 한국에서 일어난 것이 있다. 영성신학 박사인 박홍 교수는 "하나님이 생명의 원천이시니 그리스도의 신앙 안에서 영적 통찰력(Vision/Spiritual Insight)이 생김으로 그리스도적인 복음의 영성을 바탕으로 영성을 성찰해야 한다."[58]고 말한다.

또 이형기 교수는 영성 운동의 역사적 배경과 실례들을 강의했고 대천덕 신부(전 예수원장)는 영성 훈련으로 신구교가 예수 그리스도를 구주로 인정하고 그리스도의 몸에 속한 자들과 함께 즐거워하거나 기쁜 삶을 살아야 한다고 강조한다.[59]

현대 문화 속에서 기독교 영성은 문화의 영향을 받기보다는 하나님의 말씀으로 사는 삶을 보여 주신 예수 그리스도를 따라 영적 통찰력을 가지고 하나님의 뜻을 따르고 행하여 건강하고 생명을 누리는 길

---

57 류기종, 위의 책, p. 30.
58 박홍, "영성신학(그리스도 영성의 두 모형)," 연세대학교 제4회 목회자 하기 신학세미나 강의집(서울: 연세대학교 출판부, 1984), p. 45.
59 대천덕, "영성 훈련," 연세대학교 제4회 목회자 하기 신학세미나 강의집(서울: 연세대학교 출판부, 1984), p. 66.

로 사는 것이 풍성한 영성이라 할 수 있다.

4. 의학적 관점

사람의 건강과 생명을 다루는 일을 하는 의사들의 관점과 그들이 공부하는 의학을 살펴보면 논지의 실제와 중요한 것을 찾을 수 있다.

의학이란 인체의 구조와 기능, 건강과 질병의 여러 현상을 연구하며, 건강의 보지(保持)와 질병의 예방 및 치료 따위에 관한 기술을 발전시키는 학문(Medical Science)이다.[60] 또 의사라 함은 의료 및 보건 지도를 담당하고 있는 사람을 말하며 이들은 일정한 국가 시험에 합격하여 보건복지부 장관의 면허를 취득해야 한다.[61]

인체의 구조와 기능과 질병을 아는 그들이 연구하여 발표한 것을 보면 하나님의 말씀과 인간 건강의 관계가 분명하게 증명된다.

1991년 노벨의학상에 노미네이트 된 월렉(Dr. Joel Wallach)은 농업과학 분야의 학자이면서 미주리주립대학에서 수의학을 전공하고, 오리곤 주 포틀랜드에서 의사가 되었다. 그는 아프리카에서 12년 동안 454종류가 넘는 동물에 대해 약 17,500회 부검을 했으며, 동물원 인근 주민 3,000명의 사체를 부검했다. 그가 이를 통해 확인한 것은 사람이나 동물의 모든 자연사하는 이유는 영양부족 때문이라는 사실이다.[62]

---

60   "의학," 『새로 나온 국어대사전』(서울: 민중서관, 2001년도판).
61   "의사," 위의 사전.
62   Joel D. Wallach, *Dead of Doctors Don't Lie*, 박철우 역, 『죽은 의사는 거짓말하지 않는다』(서울: 도서출판 꿈과 의지, 2005), p. 15.

그리고 운동선수들 중 35%는 동분(구리) 결핍으로 인한 동맥류 파열로 죽었다. 머리카락이 희어지는 것이 동분 결핍증의 맨 처음 오는 증상이다.[63] 또한 셀레늄 결핍으로 인한 심장마비가 와서 아까운 생명이 희생된다.[64] 뇌암의 원인은 칼륨 결핍이다.[65] 알츠하이머 병의 원인은 비타민 E의 결핍이다.[66] 신장결석의 원인은 칼슘 결핍이다. 사실상 신장결석은 우리 몸에 심한 칼슘 부족이 올 때 우리 자신의 몸 속의 뼈에서 칼슘을 빼앗기 때문에 생기는 병이다. 심한 골다공증이 온 후로 신장결석에 걸리게 된다.[67] 심근증과 파이카 병의 원인은 셀레늄 결핍이다. 스투어트 버거(Stuart Berger)는 사람의 건강과 식품영양소에 관한 5권의 베스트셀러 책을 썼다. 그러나 그는 40세에 죽었다. 그의 죽음의 원인이 된 심근증은 셀레늄 결핍에서 오는 병인데, 백근육병 혹은 오금이 경직되는 병도 같은 원인으로 본다.[68] 저혈당 및 당뇨병의 원인은 크로늄과 바나튬 결핍이다.[69] 수명을 연장시키는 회토류 칼슘 부족으로 인한 병들은 골다공증, 치은후퇴병, 관절염, 고혈압, 불면증, 경력, 월경전 증후군이 있으며 미네랄 섭취로 건강을 지켜야 한다.[70]

그는 올바른 천연 영양소를 매일 섭취함으로써 건강하고 오래 살기 위해 조치를 취해야 한다고 주장한다. 미네랄은 매일 섭취해야 하

---

63 Joel D. Wallach, 위의 책, p. 53.
64 Joel D. Wallach, 위의 책, p. 56.
65 Joel D. Wallach, 위의 책, p. 63.
66 Joel D. Wallach, 위의 책, p. 65.
67 Joel D. Wallach, 위의 책, p. 67.
68 Joel D. Wallach, 위의 책, pp. 70-71.
69 Joel D. Wallach, 위의 책, p. 76.
70 Joel D. Wallach, 위의 책, pp. 79-111.

며 평생 날마다 90가지 필수 영양소가 우리에게 필요하다.[71] 그의 연구
는 이러한 필수 영양소가 부족하므로 병이 온다는 증언이다. 그러므
로 하나님이 주신 영양을 골고루 섭취하여 영양결핍이 되지 않게 하
는 것이 생명과 건강을 지키는 길이다.

통합의학의 선두주자 황성주 박사가 200만 암 환자 가족에 전하는
희망의 메시지로 『암은 없다』라는 책을 출판하였다. 이 책은 임상 예
방의학과 통합 면역 요법을 펼쳐 온 17년간의 경험의 결정판 내용이
다. 이 중에 암 환자는 영양실조로 죽는다는 내용이 있다.[72]

> 약이든 음식이든 우리 몸 속으로 들어간 것은 몸에 생화학적인 반응을
> 일으킨다. 보통 암 발생의 30-40% 정도는 우리가 매일 무엇을 먹느냐와
> 관계가 있다고 한다. 식습관이 암 발생에 기여하는 정도를 60%까지 보
> 는 학자도 있다. 우리 몸 속에 매일 생겨나는 암이라는 이상 세포는 수
> 백 개인데 균형잡힌 식습관은 이 이상 세포를 제거하는 면역세포의 활
> 성화를 왕성하게 한다. 그러므로 바른 식습관은 매일 "부작용 없는 항암
> 제"를 먹는 것과 마찬가지이다. 바른 식습관과 함께 좋은 물을 충분히
> 섭취하는 것이 내가 암을 이겨낸 비결이다.[73]

위에 암을 이긴 박사의 제언에서 알 수 있듯이 암 환자는 잘 먹는
것이 중요하다. 그는 잘 먹는다는 것을 골고루 먹는다는 것으로 정의

---

71   Joel D. Wallach, 위의 책, p. 112.
72   황성주, 『암은 없다』(서울: 청림출판사, 2009), p. 177.
73   황성주, 위의 책, p. 178.

한다.[74] 이것은 모든 암 환자가 영양부조화 상태에 있다는 사실이며 암 환자의 20% 이상은 직접적인 원인이 영양실조인 것으로 나타났다.[75]

"파이토케미칼을 다량 섭취하라." 요즈음 전 세계는 화학적 암 예방에 주력하고 있다. 힘겨운 암 치료보다는 암을 확실하게 막을 수 있는 방법을 학자들이 찾기 시작한 것이다.[76] 그 결과, 마침내 자연식품 안에 400여 종의 화학적 암 예방 물질이 들어 있다는 놀라운 사실을 알게 되었다. "뉴스위크"에 보도된 것 같이 비타민보다 훨씬 더 중요한 "파이토케미칼"이 자연에 존재한다.[77]

> 자연의 영양제라고 불리는 파이토케미칼은 체내 독소를 배출시키는 강력한 청소 도구이다. 이것은 식물에만 존재하는 물질로 여러 기전을 통해 암을 예방한다. 강력한 항 산화제로 작용하여 정상 세포가 활성산소의 영향으로 암이 되는 것을 방지하고, 암 형성을 억제하는 효소를 활성화 시키며 식품 속에 들어 있던 성분이 우리 몸에 들어와 발암물질로 전환되는 과정을 차단한다. 또 암세포가 자동으로 사멸되도록 유도하기도 하며, 암세포가 영양분을 끌어들이지 못하게 방해한다. 적색이나 황색을 띠는 과일이나 채소류, 잎이 넓은 녹색채소류, 비서류, 해조류, 콩류 및 견과류, 곡물류 등에 많이 들어 있다.
>
> 마늘, 생강, 녹차, 고추, 토마토 등 수십가지 자연 식품 안에 암을 예방하고 치료하는 파이토케미칼이 듬뿍 들어 있다. 자연 식품 하나하나가 다

---

74 황성주, 위의 책, p. 178.
75 황성주, 위의 책, p. 179.
76 황성주, 위의 책, p. 183.
77 황성주, 위의 책, p. 183.

역할이 있는 것이다. 따라서 암을 적극적으로 막으려면 이런 파이토케미칼이 들어 있는 자연식품을 섭취하면 되겠다고 생각하게 되었다. 예를 들면 카로틴 계가 많은 오렌지색 과일과 채소, 녹색 잎을 가진 채소, 당근, 토마토는 인체의 유용한 기능이 많이 있다. 즉 항산화 작용, 항돌연변이, 발암 유전자 억제, 면역 기능 증진이 그것이다.[78]

〈표 3〉 파이토케미칼의 기능과 함유된 자연식품[79]

파이토케미컬	식품원	인체에 미치는 유효 기능
카로티노이드(Carotenoids)	오렌지색 과일, 채소, 녹색 잎 채소, 당근, 토마토, 스피나치	항산화 작용, 항돌연변이, 발암 유전자 억제, 면역 기능 증진
플라보노이드(Flavonoid) 이소플라본(Isoflavone) 사포닌(Saponins)	녹색, 노란색 잎채소, 파슬리, 샐러리, 콩과 콩 가공식품	항산화 작용, 발암 유전자 억제, 에스트로겐 유사체, 면역 조절 기능
폴리페놀(Polyphenolics)	크렌베리(Cranberry), 산딸기, 검은딸기(나무딸기), 로즈마리, 오레가노, 타임	항산화 작용, 항박테리아, 요도 감염 억제
카테킨(Cathechins)	녹차	항돌연변이, 발암 유전자 억제
이소티오사이아네이트류와 인돌 (Isothiocyanates and indoles)	십자화과 채소, 브로콜리, 양배추	항돌연변이
알리신(Allyl sulphides)	마늘, 양파, 부추	발암 유전자 억제, 항박테리아 콜레스테롤 저하 기능
터페노이드 (Terpenoids including limonene)	감귤, 캐러웨이(caraway) 씨앗	포유류 종양 발암 유전자 억제
파이토스테롤 (Phytosterols)	호박 씨앗	전립선염 증상 완화
커큐민(Curcumin)	심황	항염증 작용

---

78 황성주, 위의 책, pp. 183-184.
79 황성주, 위의 책, pp. 184-185.

살리신산계(Salicylates)	포도, 대추야자, 체리, 파인애플,오렌지, 살구, 오이, 버섯, 고추, 주키니(Zucchini)	혈관계 질환 예방, 유전자 발현 조절
엘-도파(L-dopa)	두류(beans)	파킨슨 병 치료
난소화성 다당류 (Non-digestible carbohydrates)	아티초크(Artichoke), 치커리, 옥수수, 마늘, 귀리, 기타 과일과 채소류	미생물층 성장 촉진, 콜레스테롤 저하 기능

　그는 "자연 그대로 먹어라"라고 권한다. 그리고 절대적 진리는 "골고루 먹어라"는 것이다. 놀라운 사실은 자연식품을 한 가지씩 먹을 때보다 여러 가지를 함께 섭취할 때 효과가 더 높다는 것이다.[80] 오렌지, 사과, 포도, 블루베리 등 네 가지 혼합물에 대하여 용량별로 항산화 활성도를 측정했더니 오렌지, 사과, 포도, 블루베리를 각각 한 가지씩 섭취할 때보다 4분의 1씩 함께 섭취할 때 항산화 작용이 월등히 높아진다는 사실이 밝혀졌다.[81]

〈미국 암 협회와 세계 암 연구재단이 추천하는 암 예방을 위한 식생활 규칙〉

- 다양한 종류의 채소, 과일을 일일 5회 이상 섭취
- 다양한 종류의 곡류, 콩, 견과류, 뿌리, 감자 등을 섭취
- 조리시 설탕을 지나치게 사용하지 않고 당도가 높은 전분을 피한다.
- 음주는 가능한 억제(남자: 하루 2잔, 여자는 하루 1잔 섭취 가능)
- 붉은색 육류(소고기)는 하루 80그램 이하로 제한(닭, 생선, 섭취 권장, 가능한 식물성으로 대체)

80　황성주,위의 책, p. 187.
81　황성주, 위의 책, p. 187

- 지방산(특히 동물성 지방산 섭취 제한)

- 염분(소금) 섭취 제한

- 실온에 오래 방치된 음식 제한

- 불에 탄 음식을 삼가며 직접 불꽃에 닿아서 익힌 고기나 생선 또는 훈제의 음식의 섭취를 제한

- 식품 첨가물, 오염 및 잔류 물질이 존재할 가능성이 있는 식품을 섭취하는 것을 줄임.[82]

세브란스 병원 내과 교수인 남재현 박사는 『생활 습관이 병을 만든다』라는 책을 출간하여 많은 환자들의 생활 습관을 고치면서 병을 치료하고 있다. 그의 주장을 일부 소개한다.

식생활 습관은 성인병의 주범인 비만을 만들고 특히 암 치료에서 다양한 식품으로 고르게 섭취하는 균형식을 하며 과식을 피하고, 신선한 채소와 과일을 매일 충분히 섭취한다.

- 섬유소가 높은 채소, 과일, 콩(콩밥, 된장 찌개 등), 보리, 통밀, 해조류 등을 충분히 섭취한다.

- 동물성 지방을 적게 섭취한다.[83]

또 하나 주목할 만한 주장은 생활 습관병의 예방과 치료가 영양에 있다는 것이다.[84]

---

82 황성주, 위의 책, p. 188.
83 남재현, 앞의 책, p. 149.
84 남재현, 위의 책, p. 172.

최근 비만 환자가 증가하여 체중 감량의 다이어트 열풍은 자칫 영양실조를 조장할 수 있다. 다이어트를 하지 않으면 안 될 것 같은 사회분위기는 만성 영양부족을 초래하여 여러 가지 질병를 가져와 문제의 요인이 되고 있다. 영양부족과 관련된 질환에는 저체중, 소화기 질환, 감염증 및 골다공증 등이 있으며 병원 입원 환자의 영양부족도 매우 중요하다.[85]

일본 국제 자연의학회 모리시타 게이이치 회장, 한국 자연식협회 기준성 회장, 일본 소비자 환경문제 평론가 후나세 순스케 씨 합작으로 『의학 혁명의 봉화 항암제로 살해 당하다』 I, II, III권을 출간했다. 일본의 건강잡지 「월간 자연의학」은 2005년 9월호에 모리시타 회장의 암 치료에 관한 담화를 게재하면서 "반세기 전부터 항암제를 부정, 독자적인 자연의학을 확립해 온 모리시타 회장에 의해 의학 혁명이 다가옴을 예견한다."고 적은 바 있다.

> 모리시타 게이이치 박사는 1970년 "암의 식이요법"을 표방한 클리닉을 개설하고 많은 암 환자를 진료해 온 경험으로 말하면 항암제는 유해 무실한 존재입니다. 항암제 사용을 억제 또는 중지하고 올바른 모리시타 자연의학 이론에 의한 식이요법을 실천하여 많은 사람들이 완전 치유되었습니다.[86]

모리시타 박사는 솔잎 엑기스를 이용한 치료 사례를 말했다. 솔잎

---

85 남재현, 위의 책, p. 172.
86 船瀬俊介, 抗ガン劑で殺される, 김하경 역, 『항암제로 살해 당하다 I』(서울: 중앙생활사, 2008), p. 239.

은 치매, 불면증, 고혈압, 동맥경화, 뇌졸증 예방, 가래, 천식, 신경통 등에 효과를 발휘한다고 보고되고 있다.[87] 이런 효과의 의학적 근거는 다음과 같다.

(1) 클로로필(Chlorophyll)이 혈액 정화, 혈관을 젊게 만든다.

(2) 테르펜(Terpence) 정유가 혈액 순환을 원활하게 만든다.

(3) 비타민 A. C 등 다양한 유효성분이 스태미나원이 된다.

(4) 비타민 K가 혈액 응고를 막고, 노화를 방지한다.

(5) 색소 성분 쿠에르세틴(Quercetin) 후라보이드의 인종, 혈관벽을 유연하게 만든다. 치매, 건망증에 효과가 있다.

(6) 항산화 작용이 있다. 활성 산소를 제거하는 SOD(Superoxide, Dismutase) 작용으로 질병 방지 등의 효과가 있으며 이 외에도 솔잎에 있는 여러 미해명 성분이 기적의 효능을 만든다.[88]

씨 맺는 나무인 소나무에 사람의 건강과 생명을 위해 꼭 필요한 성분을 디자인하여 창조하신 하나님의 섭리와 계획이 들어 있다는 것이 연구가들에 의해 증명된 것이다.

사람은 누구나 몸 속에 제약 공장이 있다. 몸 속에 제약 공장을 가동시키는 원동력은 마음이다.[89]

"마음이 질병을 고친다"는 진리에 도달했다면 이제 플라세보(Placebo)

---

87 船瀬俊介, 위의 책, p. 239.
88 船瀬俊介, 위의 책, p. 240.
89 船瀬俊介, 위의 책, p. 254.

효과에 대한 이야기를 할 차례다. 플라세보란 "엉터리 약"이라는 뜻이다. 환자에게 '아주 효과가 큰 약입니다.'라고 말하고 가짜 약을 주면 정말 병이 낫는 증례가 있었다. 그래서 이런 현상을 플라세보 효과라고 한다. 전자기 생체학의 권위자인 로버트 베커 박사는 '의약품과 약 3분의 1은 플라세보 효과이다'라고 주장한다.

이런 수수께끼를 다룬 책이 하워드 브로디(Howard Brody)가 쓴 『플라세보의 치유력』이다. 왜 엉터리 약으로 병이 나을까? 그 이유는 마음이 만드는 체내 만능약 때문이라고 한다. 쉽게 말해서 사람은 누구나 체내에 자신의 제약 공장을 보유하고 있다. 이 얼마나 알기 쉬운 표현인가, 그 제약 공장을 가동시키는 원동력은 마음이다.[90]

이 제약 공장에 제일 좋은 약재는 창세기 1장 29절에 주신 채소, 풀, 씨 맺는 나무와 곡식이다. 하나님이 제일 좋은 것으로 우리에게 주신 것을 감사하게 생각하고 또 가장 좋은 영양과 보약 그리고 치료약으로 알고 먹으며 살게 된다면, 그렇게 디자인한 육체에 플라세보 효과로 모든 병이 치유되어 치료하시는 하나님(출 15:26)이 증명된다. 그렇기 때문에 자연적인 것이 몸에 가장 좋다는 논리도 성립한다. 대체요법이 공통된 자연계의 힘이다. 체내 제약공장을 가동하는 요소가 있다. 그것이 바로 자연적인 상태이다.[91]

자연 또 자연적인 것은 건강에 좋다. 이런 것들은 어떤 형태로든 효능이

---

90   船瀬俊介, 위의 책, p. 254.
91   船瀬俊介, 위의 책, p. 256.

있다. 자연적인 것은 몸에 좋다. 자연계의 힘은 모두 우리 편이다(하바드 대학 의학부 테드 컵착[Ted kupchak] 박사 주장).[92]

조선일보사는 1994년에 『당신의 건강을 이렇게 지켜라』라는 책을 출간했다. 이 책은 자타가 공인하는 국내 건강 전도사 22명이 말하는 건강 수칙을 수록하고 있다. 또한 한국의 명의 16인이 공개하는 처방전을 자세히 기록했다. 그리고 식탁 위의 보약 35종과 약이 되는 산야초 20종을 수록했다. 이러한 내용은 모두 의학적인 전문가들이 그 이치와 성분을 분석하고 연구 실험하여 수록한 것이다. 그중에 약학박사 1호 홍문화 박사는 "바르게 먹는 것이 보약이다."라고 했다. 그는 죽고 사는 법칙을 알고 싶어 의약을 연구했고 그 법칙을 알리고 싶어 건강전도사가 되었다고 말하는 사람이다.[93] 그는 나쁜 습관을 배제한 바른 식생활은 구체적으로 어떤 것인가, 질문하면서 그 첫째가 다양한 식품으로 균형을 취해야 한다. 둘째 주식, 주채, 즉 채소와 곡식을 균형있게 섭취하라고 조언한다.[94]

다음은 카퍼의 저서 『식물이 곧 약』이라는 책에서 35종의 식탁 위의 보약들을 소개하였다.

가지, 감자, 고구마, 꿀, 딸기, 레몬, 버섯, 마늘, 맥주, 보리, 무청, 살구, 브로콜리, 사과, 생강, 시금치, 양파, 옥수수, 요구르트, 올리브유, 우유,

---

92 船瀬俊介, 위의 책, p. 256.
93 조선일보, 『당신의 건강 이렇게 지켜라』(서울: 조선일보사, 1994), p. 17.
94 조선일보, 위의 책, pp. 15-16.

인삼, 자몽, 녹차, 콩, 커피, 포도주, 포도, 해산물, 해초, 토마토, 호박.[95]

이것들을 다 누가 만들어 주셨는가? 천지만물을 창조하신 하나님이 주신 것이 아닌가?

장준근 산야초 연구소장은 약이 되는 산야초에 대해 다음과 같이 말한다.

> 산야초 600여 가지 종류가 있는데 그중 어느 한 가지라도 깊이 연구해 보면 재배하는 채소보다 훨씬 뛰어난 영양물질들을 품고 있다는 것이 입증되고 있다. 이 연구 분석이 검증된다면 우리의 건강 생활에 몇십 배 향상될 수 있다고 믿는다.[96]

20종류의 산야초는 다음과 같다.

> 배초향, 둥글레, 민들레, 메꽃, 바위 솔, 닭의 장풀, 더덕, 도라지, 냉이, 쇠비듬, 뽕나무, 소나무, 클로버(토끼풀), 참나리, 차조기, 짚신나물, 질경이(차전초), 오이풀, 쑥, 진달래, 브로콜리, 마늘, 당근, 취나물[97]

이 종류들도 하나님이 사람들에게 먹을거리로 주신 것들이며 그 속에 약 성분을 넣어 주신 것이 감사드릴 은혜이다. 하나님은 사람을 창조하실 때 디자인(Design) 하시고 이것들이 사람들 속에 들어가 에너지,

---

95 조선일보, 위의 책, pp. 166-203.
96 조선일보, 위의 책, p. 204.
97 조선일보, 위의 책, pp. 204-228.

건강의 힘, 약과 영양 모두가 되도록 하셨고 이것을 섭취하는 것이 생명 유지에 가장 좋은 것이며 건강에 절대 필수 영양소가 되게 하셨다. 따라서 하나님이 주신 이것을 먹고 하나님의 명령과 규례와 법도를 지켜 행하며 먹고 사는 것이 건강의 길이다.

5. 식품공학적 관점

식품공학은 음식 재료를 가지고 사람이 먹을 수 있도록 만드는 일이다. 이런 일은 제일 먼저 가정의 주방에서 만드는 일이고 식당에서 만들어 구매하는 일이며 더 나아가 2차 산업으로 공장에서 제조하는 일로 상품화되어 판매하고 먹는 일이다. 이런 과정에서 자연 그대로 생식할 것인가? 또는 요리하여 먹을 것인가? 아니면 발효 저장했다가 먹을 것인가?라는 질문에 대해 전문가들의 견해를 살펴보려고 한다. 홍문화 박사(약학박사, 서울대학 생약연구실 연구원)는 "식품을 다루는 주방은 약국의 제조실이다."라고 말한다.[98]

> 사람이 살기 위해서 먹느냐 먹기 위해서 사느냐라는 말이 있다. 인생의 즐거움이라는 것은 틀림없는 사실이다. 먹는 것, 즉 식생활은 우리에게 즐거움을 줄 뿐만 아니라 건강과 생명을 유지시켜 주는 근본이 되기 때문에 식사가 바로 하늘이요 식품이 생명이라고 할 수 있다.
> 오늘날의 현대 의학에서도 모든 성인병이 올바르지 못한 식생활에서 생

---

98 김영수, 『먹으면 치료가 되는 음식 672』(서울: 학원사, 1995), p. 5.

긴다 하여 식원병(DRD: Diet Related Disease)이라는 말까지 나오고 있는 형편이다. 그렇다면 과연 건강식이라는 것이 어떤 것인가? 영양학의 연구가 진전됨에 따라 우리의 건강을 증진시켜 주는 것이 신기한 꿈 같은 불로초나 보약이 아니라 주변에서 쉽게 구할 수 있는 들풀이나 나무 일상적으로 먹는 식품이라는 것에 인식이 모아지고 있다. 사람들은 병이 생기면 약을 복용하고 병원에서 치료를 받는 것만을 건강관리의 상식으로 알고 있으나 사실 그것만이 전부는 아니다. 중요한 것은 올바른 식사에 의하여 병을 예방하는 것이며, 병이 생겨도 먹는 것에서 잘못을 바로 잡으면 스스로 병을 고칠 수 있다는 점을 염두에 둘 필요가 있다. 그러기 위해서는 식품들이 지니고 있는 과학적이고 영양학적인 면에서의 지식을 가지고 있어야 한다. 식사가 바로 성인병을 예방, 치료하는 약이기 때문에 식품에 대한 정확한 지식을 가지고 있는 주부는 가정의 주치의요 약리학자이며 주방은 바로 약국 제조실이라고 할 수 있다.

홍 박사는 이러한 주장에 이어 과학적이고 영양학적인 지식으로 먹으면 치료가 되는 음식 672가지를 자세히 수록하였다. 이러한 지혜에 의하여 음식을 조리하거나 요리 그리고 가공 또는 발효하여 먹을 때, 생명이 유지되며 바로 이것이 건강하게 되는 원리이다.

18세기 영국의 약물학자 에드워드 스톤(Edward Ston)은 "하나님은 치료약을 언제나 그 병의 원인 바로 옆에 갖다 놓아두신다."[99]고 하였다. 동양에서는 전통적으로 치료약과 음식은 같은 데 뿌리를 둔다고 한

---

99   김영수, 위의 책, p. 6.

다.[100]

결국 병이 있는 곳에는 반드시 약이 있기 마련이요 그 약은 생활 주변에서 쉽게 구할 수 있는 민간요법 차원에서 해결할 수 있다는 뜻이다.[101] 그리고 약은 마치 음식과 다름없이 항상 가까이 하는 것에 있다고 한재용 한의사는 말한다.[102]

건강하게 생명을 보존하고 누리는 것을 공학적으로 관찰하면, 자연 그대로 먹는 것과 주방에서 요리하여 먹는 것이 있다. 그리고 그 식재료를 발효, 유산균을 많이 증식시켜 먹을 수도 있다. 음식을 요리하는 조리법은 여러 나라의 환경에 따라 달라진다. 그러나 발효음식을 실험 연구하여 지혜롭게 만드는 것이 있는데 이것을 발효식품학이라 한다.

발효식품학의 역사를 간단히 살펴보면 네델란드의 안토니 반 레벤후크(Antonio van Leeuwenhock: 1632-1723년)는 자기 스스로 갈아서 만든 렌즈를 이용하여 단세포 생명체의 발견에 성공하고(1675년), 이들의 극히 작은 생명체를 미소동물(animalcule)이라고 명명하였다.[103] 이어서 영국의 외과의사 리스터(Lister)가 계속 연구하였고 1856-1857년 프랑스의 루이스 파스퇴르(Louis Pasteur)가 맥주와 포도주 발효에 대해서 자세히 연구하여 마침내 살아 있는 효모가 공기가 없는 상태에서 당을 알코올과 탄산가스로 발효시킨다는 결론을 내렸다.[104]

영국의 외과의사 리스터와 독일의 로버트 코흐(Robert Koch: 1843-1910년)가 탄저병, 결핵균, 콜레라 등을 차례로 발견하고 덴마크의 한센(Hansen)이

---

100 김영수, 위의 책, p. 6.
101 김영수, 위의 책, p. 6.
102 김영수, 위의 책, p. 6.
103 심상국 외, 『발효식품학』(서울: 도서출판 진로, 2010), p. 12.
104 심상국, 위의 책, p. 12.

맥주 효모의 순수 분리에 성공하여 희석법이라고 불리는 순수배양법의 원리를 확립하였고, 1878년 린드네드(Lindner)는 효모 분리를 위해서 간편한 소적배양법을 고안하였다(1892). 이와 같이 파스퇴르, 코흐, 한센은 프랑스, 독일, 덴마크에서 현대 발효공법의 기초를 확립하였다.[105]

발효식품은 세계 각국에서 그 나라의 산물, 기후풍토, 민족의 기호성을 배경으로 발달된 것으로 그 발생은 인류의 역사와 같은 정도로 오래된 것이다.[106]

> 발효에 의하여 많아지는 식품은 술, 맥주, 포도주 등과 같은 알콜음료를 위시하여 간장, 된장, 납두와 같은 대두 발효식품, 채소나 과일의 염장을 주로 한 침채류(김치) 젓갈과 같은 수산발효 식품 그리고 버터, 요구르트 등의 유제품 효모의 발효작용을 이용한 빵류 등 우리의 일상식품이다.[107]

이 발효식품은
- 곡류 발효식품으로는 약주, 탁주, 청주, 맥주, 과일주, 증류주, 식초, 미림, 제빵류라고 한다.
- 대두 발효식품으로는 간장, 된장, 일본된장, 고추장, 청국장 등이 있다.[108]
- 수산 발효식품으로 젓갈류들이 그것이다.

---

105   심상국, 위의 책, p. 13.
106   심상국, 위의 책, p. 15.
107   심상국, 위의 책, p. 15.
108   심상국, 위의 책, pp. 43-149.

- 채소 발효식품은 김치, 츠께모노, 피클, 피시우이크라수트, 중국 절임식품, 동남아시아 절임식품이 있다.[109]
- 축산 발효식품으로는 치즈, 소시지, 햄이 있다.[110]

이 모든 발효식품은 1차 산업인 농업, 목축업, 임업, 수산업에서 생산되는 재료로 식품 가공으로 이루어지는 것이다. 이 중에 세계 건강 5대 식품으로 지목된 김치를 자세히 살펴보자

〈김치의 과학〉

김치는 발효 과정을 거치는 동안 배추와 무 등의 주재료에 갖은 양념이 골고루 어우러져 독특한 맛을 낸다. 김치는 당과 지방 함량은 낮고 비타민과 무기질, 섬유질은 높은 저열량 알카리성 식품이다. 특히 채소가 귀하고 비싼 겨울철에 비타민 C의 보급원으로 매우 좋다.

김치를 담글 때 많이 사용되는 부재료 중에서 마늘은 강장식품으로 피로회복에 효과가 있으며 마늘의 알리신(Allicin)은 비타민 B와 결합하여 체내에서 비타민 B 흡수를 좋게 한다. 또한 젓갈과 해산물에는 양질의 단백질이 많이 함유되어 있어 김치가 익으면서 젓갈에 들어 있는 단백질이 아미노산으로 분해되며, 생선뼈가 김치에 흡수되어 칼슘의 공급원이 되기도 한다.

김치는 대장암, 비만, 당뇨병, 고혈압에 효과와 장을 깨끗하게 해 주는 작용이 있으며 위장 내의 단백질 분해효소인 펩신 분비를 촉진시키고 소화 흡수 작용을 촉진시키며 장내 미생물 분포를 정상화시킨다."[111]

---

109   심상국, 위의 책, pp. 195-261.
110   심상국, 위의 책, pp. 263-377.
111   윤숙자, 『굿모닝 김치』(서울: 한림출판사, 2006), p. 12.

이 외에도 식욕을 촉진, 다이어트 효과, 변비 및 대장암 예방, 동맥
경화를 예방하고 노화를 억제하며 암을 예방하는 면역 증강효과를 갖
는다고 부산대학교 김치연구소가 발표했다.[112]

또한 『김치, 위대한 유산』이라는 연구 논문과 저서를 남긴 한홍의
박사는 서울대학교 미생물학과 대학원 이학박사 학위를 받고 독일 및
오스트리아, 비엔나, 농과대학 미생물 연구소에서 효소에 의한 맥주
제조 연구, 두산 기술원으로 "종가집 김치"의 유산균 종류와 분포연
구(1993년), 금성사(현 LG) 김치냉장고, 싱싱고의 연구개발(1993년), 위니아 만
도 김치냉장고, 오리지날 딤채 연구 개발(2004-2005년) 등에 참여하였다.
그는 조류 인플루엔자(Avian Influenza)에 효능을 가진 류코노스톡 김치아이
를 최초로 발견(2000년)하기도 하였다.[113]

한홍의 박사는 김치 유산균에 관한 생리학 연구를 활발히 진행하고
있는데 그의 연구로 발견된 유산균은 다음과 같다.[114]

> 김치 유산균에는 류코노스톡스, 락토바실루스속 말고도 요즈음 김치에 자
> 주 출현하는 바이셀라속이 있다. 이 유산균은 일반인에겐 좀 생소하게 들
> 릴지 모르지만 1990년 이전에는 락토바실루스속에 속했던 유산균이다.
> 락토바실루스속은 핵산의 일종인 16' RNA 분자의 계통 분석(Phylogenetic
> Analyses)을 하면 전에 알고 있던 바와 달리 락토바실루스속 중에서 성질이
> 전혀 다른 균(Cluster)이 발견되는데 이 균을 콜린스(M.D. Colins) 등이 따
> 로 분리하여 바이셀라속으로 명명(命名: nomenclature)하게 된 것이다.

---

112   윤숙자, 위의 책, p. 13.
113   한홍의,『김치, 위대한 유산』(서울: 도서출판 한울, 2010), p. 278.
114   한홍의, 위의 책, p. 141.

이 바이셀라속에 속할 수 있는 김치 유산균으로 1993년경까지 락토바실루 콤퓨수스(Lactobacillus Confuses), 락토바실루스 바디테센스(Lactobaclius Viridesens), 락토바실루스 마이너(Lactobacillus Minor), 류코노스톡 파라매 젠테이로데스(Leuconostos Paramesenteroides)라는 종명으로 분리된 적이 있으나 이제는 바이셀 콤퓨사(Weisella Confusa), 바이셀라 비리데센스(Weissella Viridescens), 바이셀라 마이너(Weissella Miner) 그리고 바이세라 파라매젠테로 이레스로 개명되었다. 따라서 김치에 전혀 없었던 유산균은 아닌 셈이다.″[115]

〈표 4〉 현재까지 알려진 바이셀라속 유산균

종명	구명(舊名, basonym)
*바이셀라 사이바리아(Weissella cibaria)	바이셀라 김치아이(Weisslla kimchii)
*바이셀라 콘퓨사(Weissella confuse)	락토바실루스 콤퓨슈스(Lactobacillus confuses)
바이셀라 할로토러란스(Weissella halotorerans)	락토바실루스 할로토러란스(Lactobacillus halotorerans)
바이셀라 칸드러리(Weissella kandleri)	락토바실루스 칸드러리(Lactobacillus kandleri)
바이셀라 헬레니카(Weissella hellenica)	
*바이셀라 코리엔시스(Weissella koreensis)	바이셀라 하나아이(Weissella hanii)
*바이셀라 마이너(Weissella minor)	락토바실루스 마이너(Lactobacillus minor)
*바이셀라 파라메젠테로이데스(Weissella paramesenteroides)	류코노스톡 파라메젠로이데스(Leuconostoc paramesenteroides)
*바이셀라 솔리(Weissella soli)	
바이셀라 타이란덴시(Weissella thailandensis)	
*바이셀라 비리데센스(Weissella viridescens)	락토바실루스 비리데센스(Lactobacillus viridescens)

주: *표는 김치에서 분리된 유산균[116]

---

115 한홍의, 위의 책, p. 141.
116 2011년도 IMF 기준.

이 연구 보고에 의하면 바이셀라 콘퓨사는 식품을 통하여 감염되어, 임상시료(Clinical Samples)에서도 분리되므로 기획적 병원균(Opportunistic Pathogen)으로 추정하고 있다. 이것은 위염환자에서 분리된 헬리코박터 피폴리(Helicobacter Pyroli)균을 사멸시키는 것으로 알려졌다.[117] 류코노스톡에는 서로 다른 이름을 가진 유산균이 15종이나 된다.[118] 이중 류코노스톡 김치아이가 조류독감 바이러스를 치사시킬 수 있다는 연구는 세계적인 경사라 할 수 있다. 현재까지 바이러스를 죽일 수 있는 세균의 발견은 거의 드문 일로 알려져 있다.[119] 그렇다면 이 류코노스톡에 속하는 다른 종류들도 조류독감 바이러스를 죽이지 못한다는 법칙은 없을 것이다.[120] 김치의 항암 효과도 유산균이 항암 효과가 있고 유해 식중독균의 성장을 억제할 수 있다는 것이다.[121] 국제사회에서 김치는 단지 기능성 식품에 불과하다는 정의가 있으나 항암 효과와 식중독 균의 억제 효과가 김치에서 분리한 유산균들의 생리학적 작용이라는 것이 몇 명의 교수와 연구자들에 의하여 입증되었다.[122] 이 외에도 김치의 다양한 유산균 효과가 연구자들의 실험연구로 발견되고 있다.

자연의학 발명가 박세준은 『이것이 근본과학이다』라는 자신의 저서에서 다음과 같이 이야기한다.

의학의 정의: 치료 행위는 병원균과의 전쟁이다. 인간이 만든 항생제로

---

117   한홍의, 앞의 책, p. 143.
118   한홍의, 위의 책, p. 155.
119   한홍의, 위의 책, p. 155.
120   한홍의, 위의 책, p. 155.
121   한홍의, 위의 책, p. 170.
122   한홍의, 위의 책, p. 171.

병원균을 잡는 치료 방법이 현대 의학의 대체 의학이다. 하나님이 만든 슈퍼 미생물로 병원균을 잡는 치료 방법이 의학 중의 의학인 정통 의학이다. SJP 효소는 부작용 없이 질병의 근원을 해결한다.[123]

병원균의 천적이며 해독의 황제 토종 슈퍼 유산균을 활용한 위암, 대장암, 간암 등 각종 암과 아토피, 관절염, 생리통, 류마티스, 장염 설사 등 난치병 치료의 과학적 증거가 이 책에 있다.[124] 슈퍼 박테리아를 잡는 슈퍼 유산균 개발로 여러 가지 병을 치유하는 치료법이 발견되었다.[125] 이러한 슈퍼 유산균을 20여 종 찾았고 계속 개발 연구하고 있다.[126]

이 발아 생식 효소는 유기농 현미와 검정콩, 통밀, 통보리를 발아시켜서 발아 효소를 두유 또는 우유에 타서 간단히 먹으면 한 끼의 식사가 되도록 개발하였다. 특히 길들여진 장내 발효균이 생식 소화작용을 원활히 하기 위해서 장시간 꼭꼭 씹어 먹거나 생식을 발효시켜 섭취하면 더없이 좋다.

인체에 유용한 발아 효소+발효균사 효소+수십 억 마리의 슈퍼 발효급+무기 미네랄이 합류된 슈퍼 효소 식품을 개발하여 특허화 하였다. 또한 환자의 빠른 회복을 위해 식물성 단백질 흡수를 돕도록 대두와 영양소 덩어리인 쌀눈, 쌀겨를 발효시키고 아밀라제 프로테아제, 리파아제를 추

---

123 박세준,『이것이 근본의학이다』(서울: 우성지도출판사, 2012), p. 2.
124 "국민행복시대 정책제안," 조선일보, 2013. 3. 20. A30.
125 조선일보, 위의 신문, A30.
126 박세준, 앞의 책, p. 133.

가하여 발효 흡수를 극대한 건강식품으로 특허화 했다.[127]

　이러한 유산균 발효 역시 근본 재료는 창세기 1장 29절에 주신 것이다. 이러한 음식 재료에 있는 미생물을 발효 과정을 통해 우리 몸에 유익한 미생물을 증식시키고 강력한 아군과 같은 역할을 맡겨 우리 몸의 건강을 지키는 면역력을 증강시키는 것이 생명과 건강을 유지보존시키는 식품공학적 발견이다.

　한의학 박사인 박현우 교수는 토종 슈퍼 유산균을 가지고 독일에 가서 200명의 환자에게 임상시험을 함으로 그 효과를 입증하였는데, 그 시험 결과 슈퍼 박테리아를 잡는 치료법이 있다.[128]

　그 결과 식품공학적 관점을 통해서도 하나님이 디자인하시고 주신 식품에 장수와 건강을 지킬 수 있는 유산균이 숨어 있음을 알게 되었다. 이 유산균을 살아 있게 하는 공법을 더욱 개발하여 질병으로 고통당하며 생명을 잃는 사람들을 치유하고 생명을 유지하도록 해야 한다.

　▪ 발효방법은 다양하나 그중 한 제조방법을 보면

　1차로 한약과 쌀눈, 쌀겨 등 곡류의 영양소를 추출한 액체 배제의 종균을 접종하여 발효시켜 완전히 효소화한 액상 효소를 준비한다. 상기 준비된 효소 액상에는 쌀눈, 쌀겨와 한약 잔류농약이 깨끗이 해소된 영양소가 효소로 변화된 액체 효소 1cc에 평균 수억 마리의 슈퍼

127　박세준, 위의 책, p. 3.
128　Meir Nitzan, *Rishon-Pictures In Time from village to city 1882-2003*(Israel: Exhibition catalogue), pp. 10-79.

발효균이 존재한다. 다음으로 쌀눈, 쌀겨와 현미, 대두, 보리, 밀 등 10 여 종의 곡물 분말에 액상효소를 첨가하여 반죽하고 새환 또 과립, 분말로 제조하여 무균 발효장치에서 37℃에서 건조시켜 4-5년 이상 보관해도 변질되지 않는 식품제조법을 개발하여 대한민국 특허기술대전시회에 금상을 수상하였다. 따라서 슈퍼 발효균과 최첨단 발효 기법과 식품을 생산할 공장이 필요하다."[129]

6. 화학적 관점

화학(chemistry)은 모든 물질의 조성과 성질 및 이들 물질 상호간의 작용을 연구하는 자연과학의 한 부분이다. 연구 방법, 대상에 따라 물리화학, 무기화학, 유기화학, 생물화학, 공업화확, 농예화학 등으로 구분된다.[130] 18세기 말 라부아지(Lavocsier)에 의한 연소 이론 확립이 계기가 되어 근대 화학이 탄생되었다.[131] 화학자들이 연구한 물질의 현상을 통해 하나님의 말씀과 인류 건강의 길을 찾아준 관점과 견해를 살펴보아야 한다.

박재환 박사는 다음과 같은 연구를 발표하였다.

> 식물의 생명체: 식물은 광합성을 통해 동물이 에너지원으로 사용할 수 있는 탄수화물을 합성해 낸다. 녹색식물의 세포에 들어 있는 염록체가

---

129   박세준, 앞의 책, p. 117.
130   "화학," 『국어대사전』(서울: 민중서관, 1978년도판).
131   "화학," 『새 국어대사전』(서울: 민중서관, 2001년도판).

광합성이 일어나는 장소이다. 광합성은 크게 명반응과 암반응이라는 두 단계가 나뉘이는데 명반응은 다시 빛이 있어야 진행되며, 암반응은 빛이 없어도 일어난다. 명반응은 다시 물의 광분해와 광인산화 반응의 두 단계로 나눌 수 있다. 물의 광분해 과정은 엽록소에 흡수된 빛 에너지에 의해 물(H_2O)이 분해되는 것으로 전자($e-$)와 수소이원($H+$) 그리고 산소(O_2)를 만들어낸다. 광인산화 과정은 엽록소가 흡수한 빛 에너지를 화학에너지로 전환시켜서 ATP(Adenosine Tri-phosphate)를 만들어 내는 과정이다.

빛 에너지가 엽록소에 흡수되면 엽록소가 흥분하여 전자를 방출하는데 전자전달계를 거치면서 ATP를 만들어낸다. 또 광인산화 과정에서 $NADph_2$(Nicotinamide Adenine Dinucleotide phosphate reduced)도 함께 만들어지는데 이들은 암반응에 쓰인다. 엽록체의 스트로마에서 일어나는 암반응은 명반응에서 생선된 ATP와 $NADph_2$를 이용해 이산화탄소(CO_2)로부터 포도당과 같은 탄수화물을 합성하는 과정이다. 이러한 탄수화물은 식물의 열매등의 형태로 동물들의 에너지원으로 전달된다.

식물생명체의 광합성은 전체적으로 보면 광합성의 명반응에서 CO_2 이산화탄소가 생성되고 암반응을 통해 포도당이 합성되는데 필요한 에너지는 모두 태양광으로부터 공급된다. 광합성의 전체적인 반응식은 다음과 같다.

$$6CO_2 + 12H_2O + 광 에너지 \Rightarrow 6H_{12}O6 + 6H_2O + 6O_2 [132]$$

이 모든 것은 창조주 하나님의 전지전능하심을 통해 치밀하게 설계되고

---

132 박재환, 앞의 책, pp. 28-29.

구현된 것이다. 현대 과학 기술을 총동원해도 한 그루의 사과나무가 이루어 내는 일을 이해할 수 없으며 수천억 원의 돈을 들여도 그 동작을 흉내낼 수 없다.[133] 인간이 근육을 움직여 운동하기 위해서는 반드시 에너지 공급이 필요하다. 인체를 구동하는 에너지원이 ATP라는 화학물질이다.[134]

ATP가 얻어지는 과정을 간략히 정리하면 다음과 같다.

먼저 식물로부터 획득한 탄수화물($6H_{12}O6$)과 물(H_2O)은 구강으로 섭취한 후 소화와 흡수를 통해 근육등과 같은 인체의 각 조직으로 운반된다. 한편 호흡을 통해 섭취한 산소(O_2) 역시 폐에서 흡수되고 동맥과 심장을 거처 근육 등 인체의 각 조직으로 운반된다. 인체 세포 조직의 미터코드리아에서 다음의 식과 같이 당1분자의 원소에 의하여 38개 ATP가 생성된다.

$6H_{12}O6 + 6H_2O + 6O_2 \Rightarrow 38ATP + 6CO_2 + 12H_2O + 열$[135]

앞서 언급한 황성주 박사는 의학적 관점뿐만 아니라 화학적 관점에서도 주목할 만한 견해를 갖고 있다. 그는 통합의학의 선두주자로서 암 치료에 있어 획기적인 방법을 제안한다.

요즈음 전 세계는 화학적 암 예방에 주력하고 있다. 힘겨운 암 치료보다

133　박재환, 위의 책, p. 31.
134　박재환, 위의 책, p. 32.
135　박재환, 앞의 책, p. 32.

는 암을 확실하게 막을 수 있는 방법을 학자들이 찾기 시작한 것이다. 마침내 자연식품 안에 400여 종의 화학적 암 예방 물질이 들어 있다는 놀라운 사실을 알게 되었다. "뉴스위크"에도 보도된 것 같이 비타민보다 훨씬 더 중요한 파이토케미칼이 자연에 존재한다.[136]

그는 천연 영양제 파이토케미칼을 다량 섭취해야 한다며 파이토케미칼이라는 화학적 천연영양제에 대하여 자세히 설명한다. 다시 한 번 요약한다면 '파이토케미칼'은 "체내 독소를 배출시키는 강력한 청소 도구"이며, "강력한 항산화제로 작용"하여 "암 형성을 억제하는 효소를 활성화"한다는 것이다.[137]

'파이토케미칼'은 천연식품 안에 들어 있기 때문에 부작용이 없으며 또 그렇기 때문에 '자연을 그대로 먹어라'라는 절대적 진리를 주장한다. 또 '골고루 먹어라'라는 모토 아래 다양한 종류의 채소, 과일과 곡류, 콩, 견과류, 뿌리감자 등을 많이 섭취하도록 권고하고 있다.[138]

이길상 교수는 경성약학전문학교를 졸업하고 미국 오번대학원을 수료, 독일 하이델베르크대학과 스웨덴 옛테보르히대학에서 연구, 동경 경도대학에서 이학박사 학위를 받았는데 한국에 귀국하여 세브란스병원 약국장 서울대학교 약학대학, 이화여자대학교 약학대학, 연세대학교 이공대학교수와 연세대학교 이공대학장 등을 역임한 학자이다. 그는 『성경에서 본 자연치유력과 건강법』, 『성경에서 본 식생활과 건강법』, 『건강하게 사는 지혜란』 등의 책을 출간하였는데, 특히 그는

---

136 황성주, 앞의 책, p. 183.
137 황성주, 위의 책, p. 183.
138 황성주, 앞의 책, pp. 185-188.

병과 하나님의 말씀을 연결하여 건강 문제는 하나님의 말씀과 관계됨을 증명한다.

세계 보건기구(WHO)의 건강이란 정의를 보면 "건강이란 단순히 병이 나 허약하지 않다는 등의 신체 상태만을 이야기하는 것이 아니고, 신체 뿐 아니라 마음이 건강하여 육체적 정신적 및 사회적인 면으로 완전히 양호한 존재상태를 가리킨다.[139]

왜 병에 걸리게 되는가? 그 이유가 무엇인가? 이 어려운 문제를 해결해 준 사람은 100년 전 프랑스의 세균학자인 파스퇴르이다. 그는 사람이 병에 걸리게 되는 이유는 세균 바이러스(Virus) 때문이라고 세균설을 주장했다.[140] 그의 주장은 우리 몸속에 어떤 세균이 침입해 들어오면 우리 몸은 그 세균에 의하여 발병하여 병에 걸리게 된다는 것이다.[141]

그후 독일의 뮌헨대학에 세균배양학자이며 위생학 교수인 페텐코퍼라는 교수가 세균을 배양 번식시키는 실험을 하고 있을 때, 우연히 실수로 그 배양기에 알카리액이 몇 방울 떨어진 것을 모르고 세균을 배양시켰다. 다음날 그는 배양기에 있는 세균은 번식되지 않았을 뿐 아니라 처음에 넣어둔 세균조차 죽었음을 발견하였다. 이 우연한 실험상의 실수가 그로 하여금 훌륭한 사실을 알아낼 수 있게 해 주었다. 그것은 사람의 체질이 알카리성으로 유지되어 있을 때에는 비록 외부

---

139 이길상, 『성서에서 본 자연치유력과 건강법』(서울: 기독교문사, 1992), p. 13.
140 이길상, 위의 책, p. 13.
141 이길상, 위의 책, p. 14.

로부터 세균이 사람 몸 속으로 침입해 들어오더라도 균이 번식하지 못하므로 사람은 병에 걸리지 않게 되는 것을 알아내게 된 것이다. 그 후 그는 사람이 병에 걸리게 되는 이유는 파스테르의 세균설을 반대하고 인체의 체질설을 주장했다. 즉 사람의 몸이 산성으로 되지 않고 알카리성이면 아무리 세균이나 바이러스가 몸 속으로 침입해 들어와도 그 세균이나 바이러스가 번식할 수 없으므로 사람은 병에 걸리지 않는다고 했다. 페텐코퍼는 사람의 체질이 산성화되어 산성체질로 되는 것을 막아 주는 방법으로서 우리 몸에서 산(酸)을 만들어 줄 수 있는 식사와 갖가지 스트레스를 피하고 알카리성 체질을 유지시킬 수 있는 식사와 스트레스 없는 유쾌한 정신상태로 평안하게 살아가는 방법을 제시했다.[142]

현대 과학자들의 연구에 의하면 산을 중화시킬 수 있는 채소와 과일 같은 것을 먹지 않고 동물성 육식만 하게 되면 이 동물성 육식이 소화될 때 생기는 황산, 인산, 질산, 요산 등 갖가지 산성 때문에 우리 몸은 산성 체질이 되며 또한 흰 쌀밥이나 흰 설탕을 먹을 때 잘못하여 불완전 연소로 생기는 피루브산, 젖산 등과 같은 산 때문에 산성 체질이 될 수 있음을 밝혀냈다. 뿐만 아니라 화를 내고 남을 미워하고 시기, 질투하는 마음의 갈등, 등 요즈음 말하는 갖가지 스트레스를 받을 때 산성 체질이 될 수 있음을 알아냈다.[143]

위와 같은 실험 연구로 과학자들은 세균설을 주장하기도 하지만 알카리성 물질과 산성물질의 화학적 성질과 세균 관계도 발견하게 되었

---

142   이길상, 위의 책, p. 14.
143   이길상, 위의 책, p. 15.

음을 알려 주고 있다. 그리고 이길상 교수는 하나님의 말씀과의 관계를 다음과 같이 설명한다.

하나님께서는 성경을 통해 사람이 항상 알카리성 체질을 유지할 수 있는 훌륭한 방법을 우리에게 이미 지시해 주고 있다. 다시 말씀드리면 하나님께서 우리에게 명령하신 대로 우리가 매일 살아간다면 우리는 결과적으로 병을 예방하고 건강하게 살아갈 수 있다는 것이다.

하나님께서 먹지 말라고 명령하신 것을 절대로 먹지 않고 먹으라고 명령하신 것만 먹고 살아가면 우리의 체질은 틀림없이 알카리성 체질을 유지할 수 있게 되는 것이다. 또한 이러한 일을 하지 말라고 명령하신 것은 절대로 하지 말고 이렇게 하라고 명령하신 것을 지키지 않을 때 누구든지 병에 걸림으로 채찍을 맞게 된다는 사실을 성경을 통해서 확실히 알 수 있다.[144]

그는 알카리 식품과 산성 식품에 대하여 정확하게 다음과 같이 설명해 주고 있다.

일반적으로 산성, 알카리성으로 구별하는 것은 그 식품을 불에 태워서 생기는 재를 조사하여 그 재가 산성이면 산성 식품이라 하며, 그 재가 알카리성이면 알카리성 식품이라 한다. 그 까닭은 주로 그 식품 속에 포함된 칼슘과 인의 비율 때문이다. 인보다 칼슘이 많을 때는 비록 신맛을 가졌어도 알카리성 식품이며, 칼슘보다 인이 많을 때는 산성 식품이라고

---

144 이길상, 위의 책, p. 15.

정의한다. 이 같은 산성 식품을 알카리성 식품보다 많이 먹으면 우리들의 체액은 산성이 되므로 자동적으로 이것을 중화하기 위해 뼈로부터 칼슘이 녹아내리게 된다. 이렇게 하여 우리는 칼슘을 잃어버리게 된다. 그렇다고 우리가 산성 식품을 전혀 먹지 않고 살 수는 없다. 그러므로 우리가 식사할 때는 산성 식품에 대해 알카리성 식품을 2-3배 가량 많이 먹으면 된다고 한다. [145]

그는 다음과 같이 산성 식품과 알카리 식품을 구별하여 준다.

① 산성 식품: 흰 설탕, 흰 쌀, 흰 빵, 달걀 노른자, 쇠고기, 돼지고기, 닭고기, 햄, 소시지, 버터, 비스켓, 호두, 고등어, 삼치, 연어, 청어, 굴, 뱀장어, 오징어, 담배, 커피, 코코아, 치즈, 땅콩, 완두콩, 아스파라가스, 청주

② 알카리성 식품: 무잎, 고추잎, 미역, 다시마, 김, 마늘, 오이, 버섯, 시금치, 건포도, 토마토, 감자, 콩, 밀감, 사과, 우엉, 식초, 밤, 생두부, 당근, 호박, 복숭아, 둥근 파, 양배추, 무, 파, 파인애플, 배, 앵두, 살구, 바나나, 죽순, 샐러리, 양파, 수복, 딸기, 포도, 조개류, 현미, 보리, 밀[146]

칼륨이 많이 포함된 식품은 다음과 같다.

---

145 이길상, 위의 책, pp. 7-98.
146 이길상, 위의 책, p. 98.

청어, 정어리, 깨, 해바라기씨, 호박씨, 호도, 아몬드, 캐슈너트, 아보카도, 김, 미역, 다시마, 건포도, 버섯, 상추, 둥근 파, 고구마, 감자, 토마토, 브로콜리, 콩나물, 바나나, 당근, 샐러리, 아스파라가스, 파파야, 메밀, 밀겨, 살구, 콩 등[147]

그는 식물성 식사와 암과의 관계성을 다음과 같은 실례를 들어 가르쳐 주는데, 그것은 암에 걸려 사경을 헤매다가 성경을 읽고 식물성으로 식생활을 고치고 성경이 가르치는 대로 살아가기를 시작하여 완전히 고침을 받은 몇 사람의 암 투병기의 내용이다.

앨머 A 조셉선 목사는 암으로 사형선고를 받았지만 다시 소생하여 자기의 식생활을 성경적으로 개선하여 암을 이겨낸 투병기록을 쓴 책을 1962년 출판했는데에, 그 책에서는 돼지고기가 가장 나쁜 것으로 소개되고, 성경에서 가르쳐 준 채소와 실과와 완전 곡식과 참 신앙으로 암을 고칠 수 있었다고 고백한다.[148]

J. 트롭프는 그의 아내의 난소암을 고치려 애썼지만 1973년 6월 29일에 아내가 끝내 별세하고 말았다. 그는 암 치료 연구로 전신체요법에 관한 책을 출판했다. 그리고 이것이 미국에서 화제가 되었다. 이 책에서 그는 채소와 꿀, 요구르트 등으로 암 환자의 건강을 회복시키는 갖가지 방법을 설명하는데 그중에서 가장 중요한 것은 사랑인 것을 강조해 식사법에서 육식 가공식품을 끊고 신선한 채소와 실과 나무 열매로 건강치료법을 찾았다.[149]

---

147 이길상, 위의 책, p. 129.
148 이길상, 『성서에서 본 식생활과 건강법』(서울: 기독교문사, 1993), pp. 72-73.
149 이길상, 위의 책, p. 75.

제이슨 윈터스는 뇌암의 선고를 받은 사람이다. 그는 성경을 읽고 시편 104편 14절에 "그가 가축을 위한 풀과 사람의 소용을 위한 채소를 자라게 하시며…"와 에스겔 47장 12절에 "그 열매는 먹을 만하고 그 잎사귀는 약재료가 되리라."는 말씀대로 식물성 식사로 뇌종양을 고치고 1980년에 『암을 죽여라』라는 책을 출간하였다.[150]

오늘날 성경대로 살아가는 건강법 하나만이 암을 이길 수 있는 방법이라고 강조하는 윈터스 씨는 자기의 뇌암을 약초와 식물성 식사로 완전 치료한 후 이것을 간증하는 자기 책 서문에 이런 성구를 기록하였다.[151]

> 하나님이 이르시되 내가 온 지면의 씨 맺는 모든 채소와 씨 가진 열매 맺는 모든 나무를 너희에게 주노니 너희의 먹을 거리가 되리라(창 1:29).

또 한 사람은 미국 필라델피아 메도디스트 병원 원장인 안터니 J 샛틸랠로 박사로 1978년 6월 담당의사로부터 암 선고를 받았다. 진단에 의하면 그는 제4기의 전립선 암으로 이미 두개골, 견갑골, 흉골, 늑골 등 몸의 다른 부위로 암이 전이된 상태였다. 그의 나이 47세 때의 일이다. 그는 지방질, 동물성 육류, 정제한 밀가루 제품 및 설탕 식사를 버리고 완전 곡식류, 채소, 실과 등 섬유질 식사로 개선, 믿음으로 기도하기 시작했다. 그 후 1981년 8월 다시 정밀검사를 받았는데 주치의는 '완전치료'라는 진단을 내렸다.[152]

---

150   이길상, 위의 책, p. 76.
151   이길상, 위의 책, p. 77.
152   이길상, 위의 책, p. 79.

그는 말하기를 모든 채소와 곡식과 실과에는 하나님이 주시는 완전한 건강의 열쇠가 들어 있다. 아침에 눈을 뜨면 살아 있는 만물이 나와 하나로 일체가 되었다. 큰 지혜와 치료를 주시는 창조주 하나님께 감사를 드릴 수밖에 없다.[153]

이와 같이 화학자들의 견해는 창조주 하나님이 주신 식재료가 그 안에 있는 화학적 물질이 건강을 유지하도록 하고 병의 치료까지 주는 것이라고 주장한다.

---

153 이길상, 위의 책, p. 79.

이르시되 너희가 너희 하나님 나 여호와의 말을 들어 순종하고 내가 보기에 의를 행하며 내 계명에 귀를 기울이며 내 모든 규례를 지키면 내가 애굽 사람에게 내린 모든 질병 중 하나도 너희에게 내리지 아니하리니 나는 너희를 치료하는 여호와임이라(출 15:26).

제4장

농사와 산업 연구

1. 생명 산업

성경 맨 앞의 책 창세기는 "태초에 하나님이 천지를 창조하시니라 (창 1:1)."는 선언으로 시작한다. 이로 인하여 모든 것이 하나님의 창조하심으로 시작되었고, 사람도 아담과 하와를 하나님이 창조하심으로 시작되었다. 하나님께서 사람을 흙으로 만드시고 코에 생기를 불어넣으시니 사람이 생령이 되었다. 최초에 인간은 하나님이 만드심으로 생명을 부여 받았다. 곧 인간의 생명은 하나님으로부터 선물로 받았고, 이 생명은 특별하게 하나님의 손길로 직접 디자인하시고 창조하셨다. 이 사람은 하나님의 목적에 따라 창조되는데 그 목적은,

첫째, 하나님은 인간에게 복을 내리시기 위해 창조하였다. 둘째, 하나님은 인간에게 자연을 관리하도록 창조하였다. 하나님은 생육하고

번성하여 땅에 충만하라, 땅을 정복하라, 모든 생물을 다스리라고 말씀하셨다.[1] 셋째, 하나님은 모든 인간들이 함께 살 수 있도록 창조하셨다.[2] 창세기 1장 29-30절을 보면 먹을거리(식량)로 씨 뿌려 농사한 초록색 채소와 과일과 곡식을 주셨다. 이것들은 '자연에서 채취하여 먹으라는 것 뿐만 아니라 씨 뿌리고 가꾸는 농사를 통해서 먹으라'고 했으니 이것이 1차 산업으로 땅에서 솟아올라 오도록 하여(생산) 먹고 건강하고 생명을 보존하고 유지하게 하셨다.

사람은 생명을 받은 것이지만 생명을 보전하고 지탱하는 것은 사람인 우리들의 책임이다. 하나님께서 사람에게 생명을 주신 것은 영원한 생명의 나라에 들어갈 때까지 이 땅에서 함께 살아가는 지혜를 깨우치고, 공동체의 모습을 볼 수 있도록 한 것이다.[3]

그러면 생명 산업이란 무엇인가? 그 정의를 살펴보자.

> 생명 산업은 바이오산업, 생물 산업, 생명공학 산업 등으로 다양하게 부르고 있다. 해외에서도 국가별 구제기구(UECD) 시장조사 기관마다 생명 산업의 개념 및 범위가 정확한 생명 산업을 규정하고 있지 못하다.[4]

첫째, "생명 산업은 생명공학 기술(biotechnology)을 바탕으로 동물, 식물 내 생물 등 생명체가 가지고 있는 기능과 정보를 활용하여 인류가 필

---

1 맹용길, 『현대 사회와 생명윤리』(서울: 쿰란출판사, 1993), p. 121.
2 맹용길, 위의 책, p. 121.
3 맹용길, 『기독교 윤리와 생활문화』(서울: 쿰란출판사, 1993), p. 25.
4 김연중, 한혜성, 임수현, 『농식품 분야 생명 산업 현장 및 발전방향』(서울: 한국농촌경제연구원, 2012), p. 17.

요로 하는 유용 물질을 생산하는 산업이다."라고 정의하기도 한다.[5]

둘째, "생명 산업(Life Industry)은 자연자원 그 자체 또는 이를 관리, 활용하여 인간에게 유익한 가치, 제품 및 서비스를 창출하는 산업이다."[6]라고 정의하기도 한다. 이러한 생명 산업은 생명공학과 주요 기술에 의하여 이루어진다. 그 관계를 도식으로 표현하면 다음 그림과 같다.

〈그림 1〉 생명공학의 기술체계[7]

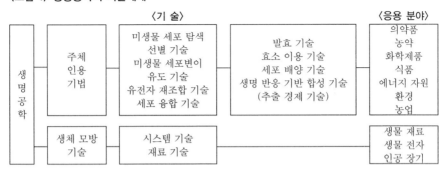

〈생명 산업 이야기. 생명 산업이란 무엇인가?〉

농림 수산업은 먹을거리를 생산하는 산업이었으나 이제는 미생물, 동물, 식물 등 생명 자원을 활용한 고부가가치 생명 산업으로 변화되고 있다. 지구상 어디에나 존재하는 미생물은 농림수산물의 안전한 생산과 발효 식품 제조에 활용되고 있으며 농림수산 분야의 다양한 동물과 식물은 단순한 먹을거리의 생산뿐만 아니라 기능성 식품, 생활용품과 의약품 개발

5 송위진 외, 『2000년, 선진국 생명 산업 혁신체계의 구조변화에 관한 연구』, p. 4에서 재인용.
6 한국 창조과학회 편, 『자연과학』(서울: 생능출판사, 1999), p. 332.
7 한국 창조과학회 편, 위의 책, p. 333.

을 위한 소재로 응용되고 있다. 또한 최근 에너지 고갈과 환경오염에 대한 우려가 높아지면서 농림수산 자원을 활용한 바이오 에너지 생산 부산물을 활용한 생활용품 제조 등과 같이 에너지를 절약하고 환경을 보존할 수 있는 녹색기술이 개발되고 있다. 특히 곤충은 인공수분, 천적관계를 활용한 생물학적 방제, 봉독의 의약 소재화 등 다양한 분야에서 산업화되고 있다.

이와 같이 농림수산 생명 자원은 전통적인 1차 산업 수준을 넘어서 자원을 활용한 가공식품 개발, 신의약 소재화 등을 통해 2차 산업으로 발전하고 있다. 최근 생명자원의 수집 및 보존, 체계적인 관리를 위한 종합적인 정책이 국가적으로 추진되고 있으며 우수한 특성을 가진 자원의 활용(재배, 사육, 양식)과 우수 품종을 육성하기 위한 노력이 진행되면서 농림 수산업의 2차 산업으로 변신에 가속도가 붙고 있다. 또한 농림수산업이 수행되는 자연 공간과 생명 자원을 활용한 서비스 산업이 활성화되고 있다. 농수산업은 먹을거리를 생산하는 산업에서 미생물, 동물, 식물 등 생명자원을 활용한 고부가가치 생명 산업으로 발전하고 있다.[8]

생명 산업(Life Industry)은 자연 자원 그 자체 또는 이를 관리, 활용하여 인간에게 유익한 부가가치 제품 및 서비스를 창출하는 산업이다(자연자원: 미생물, 동식물 등 생명 자원, 광석 등 천연 물질).

---

8   인터넷 페이지, http://cafefiles.naver.net/20100519-91/1khlpy-12742276181796TgcD-ipg/%BB%FD, 2013. 4. 3.

〈그림 2〉 생명 산업이란 무엇인가[9]

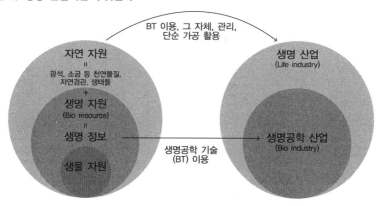

〈표 5〉 생명공학 산업(Bio Industry)/생명 산업(Life Industry) 비교[10]

구분	생명공학 산업(Bio Industry)	생명 산업(Life Industry)
자원	-생명 자원(동·식물, 미생물, DNA 등)	-생명 자원(동·식물, 미생물, DNA등) -천연 물질(광석 등)
적용기술	-생명공학 기술(Bio Tcdhnology)	생명공학 기술(B/T) 자원 그 자체, 관리, 활용(단순 가공)등
산물	-바이오 제품(생물 농약, 기능성, 의약, 에너지 등)	-바이오 제품(생물 농약, 기능성, 의약, 에너지 등) -단순 가공, 자원 그 자체 -생태환경 관광 등 서비스
(예시)	• 누에→인공뼈 • 곤충→항생제 • 김치→균주 선발 대량증식 • 약초→산약물질 추출 • 작물→GM작물, 분자마커 육종	• 누에→실크 • 곤충→천적, 약용곤충, 봉침 • 김치→자연발효 • 약초→한약 • 작물→전통 교잡육종 • 기타: 관상동식물, 동식물치료, 도시농 업, 정화식물, 생태보전, 자연생태(관 광) 등

---

9   위의 인터넷 페이지.
10   위의 인터넷 페이지.

〈그림 3〉 Colorful 생명 산업[11]

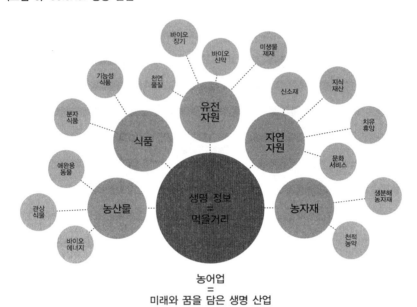

농어업
=
미래와 꿈을 담은 생명 산업

〈표 6〉 생명 산업의 정의 및 범위[12]

		정 의	범 위
생명공학	협의	생명공학 기술을 바탕으로 생물체(동물,식물, 미생물)의 기능과 정보를 활용하여 인류가 필요로 하는 유용한 물질을 상업적으로 생산하는 산업	바이오 의약품, 바이오 화학, 바이오 식품, 바이오 환경, 바이오 에너지 및 자원 등의 연구개발
	광의	생명공학 기술을 바탕으로 생물체의 능력을 활용하거나 목적에 맞는 새로운 생명체를 만들어 인간생활에 유용하게 이용하는 산업	생명공학산업+종자, 의약

11   인터넷 페이지, http://www.dnaexpo.kr/sp_fair01.asp, 2013. 4. 3.
12   김연중, 앞의 책, p. 18.

생명산업	협의	생명자원 그 자체 또는 이를 관리 가공함으로써 인간에게 유익한 부가가치 제품 서비스를 창출하는 산업	생명공학산업+농림수산물(농작물, 축산물, 수산물, 임산물, 농자재 및 식품 가공, 유통(전통발효식품 포함)
	광의	자연자원 그 자체 또는 이를 관리.가공하여 인간에게 유익한 부가가치제품 및 서비스를 창출하는 산업	생명 산업(협의)+환경복원, 토양 및 수자원 관리, 자원경관 유지, 자원 재활용 등 인간과 자연이 연계된 모든 산업

〈표 7〉 지식경제부에서 분류한 생명 산업[13]

분 야	범 위
생물 의약	항생제, 항암제, 백신, 호르몬제, 면역제제, 혈액제제, 저해제, 성장인자, 신개념 치료제, 진단 키트, 동물약품 등
생물 화학	생물고분자, 산업용 효소 및 시약류, 연구 실험용 효소 및 시약류, 바이오화장품 및 생활 화학제품, 생물농약 및 비료 등
바이오 식품	건강기능 식품, 아미노산, 식품첨가물, 발효식품, 사료첨가제 등
생물 환경	환경처리용 미생물제제, 미생물 고정화 소재 및 설비, 생물환경제제 및 시스템, 환경오염 측정시스템 등
생물 전자	DNA 칩, 단백질 칩, 세포 칩, 바이오 센서, 바이오 멤스 등
생물 공정 및 기기	생물반응기, 생체의료기기 및 진단기, 생물공정 및 분석기기, 공장 및 공정설계 등
바이오 에너지 및 자원	바이오 연료, 인공종자 및 묘목, 실험동물, 유전자 변형 동식물 등
생물 검정, 정보 서비스 및 연구개발	생물 정보 서비스, 유전자 관련 분석 서비스, 단백질 관련 분석 서비스, 연구 개발 서비스, 생물 안전성 및 생리활성 평가 서비스, 진단 및 보관 서비스 등

13 김연중, 위의 책, p. 19.

〈표 8〉 농업분야 신 분류에 의한 활용사례[14]

신 분 류	원 재 료	이 용 처
농생명 식량산업	종자, 작물	GM작물, 분자마커 전통교잡육종
	천적 곤충	친환경농업의 천적으로 이용
	화분매개 곤충	시설원예작물의 화분매개
농생명 소재산업	쌀, 복분자, 솔가루	국순당, 포천막걸리, 성하양조, 한산 소곡주, 복분자주 등 주류
	잡곡	식용 천연색소
	누에	인공뼈
	곤충	항생제, 약용곤충, 봉침
	약초, 인삼	산약물질 추출
		한약, 의약품
	올리브, 콩, 김치 발효	항산화, 심장병 예방, 골다공증 예방
	고추, 기타	항비만, 색소, 관상동식물, 동식물 치료
	대나무잎, 복분자, 토마토	항산화 효과
	알로에	혈중 콜레스테롤 개선
	헛개나무	알코올성 간 보호
	쌀겨, 폐식용유, 대두유, 유채유	바이오 디젤
	옥수수, 사탕수수	바이오 에탄올
	바이오 매스	가스 에너지
농생명지원 식량 산업	기계	파종, 수확, 경운, 정지 등 농작업 자동화
	정보통신	IT융복합화 농업, 병해충 등 농업 정보
	시설, 건축	시설재배, 식물공장
	미생물 제제	토양 미생물 제제, 친환경 유기농 자재, 자가 제조 미생물 제제, 생균제

---

14   김연중, 위의 책, p. 23.

농생명자원 소재산업	억새, 갈대 (향후 재배종으로 개량 가능)	바이오 에탄올
	곤충(향후 사육용으로 개량 가능)	애완동물, 기능성 물질(의약 소재 등)
	야생초(향후 재배종으로 개량 가능)	기능성 물질(의약, 화장품 소재 등), 천 연 화합물 등

자료: 본 분류와 내용은 연구자와 농진청 전문가 회의에서 구상한 것임.[15]

2. 농업 경영학과 경제적 관점

창세기 1장 29-30절의 말씀은 하나님께서 사람과 동물에게 단순히 먹을거리만 주신 것이 아니라 씨 뿌려 경작하여 생산하는 농업을 주셨음을 알려 주는 말씀이다. 따라서 하나님이 주신 농업에 대한 지식과 지혜를 살펴보아야 한다. 또 화폐경제 시대를 살아가면서 하나님이 주신 농업을 어떻게 잘 경영할 것인지, 경제적인 생산과 소득과 소비에 대한 하나님의 깊은 뜻을 찾아내야 한다. 필자는 이것을 살펴서 건강한 삶의 이치를 찾고자 한다.

농업이란 농산물을 생산하는 것인데 그 종류는 채소, 곡물, 누에고치, 가축 등의 범위를 갖는다. 이런 것에 인간의 노동력을 가하여 생산해 내게 된다.[16]

또한 생산만이 아니고 경제적 목적을 달성해야 한다. 그러므로 농업의 생산을 위한 기술적, 경제적 의미를 이해하고 나서 농업 경영을 정의해야 한다.

---

15   김연중, 위의 책, p. 23.
16   심영근, 이상무, 『새로 쓴 농업 경영학의 이해』(서울: 삼경문화사, 2003), p. 25.

농업 경영은 농업인이 일정한 경영 목적을 가지고 지속적으로 노동력과 토지 및 자본재(농기구, 비료, 사료 등)을 이용하여 작물의 재배(경종) 또는 가축의 사양(양축) 및 농산가공 등을 함으로서 농산물을 생산하고 그것을 이용, 판매, 처분하는 조직적인 수지 경제 단위가 농업 경영이다. 따라서 농업 경영에서 가장 중요한 것은 일정한 경영 목적을 추구한다는 것과 일정한 조직체이어야 한다는 것이다. 또 경영자가 무엇을 어떻게 생산하여 그 산물을 어떻게 처리(가공, 저장, 운반, 판매, 소비 등)을 할 것인가를 결정해야 하며, 경영에 필요한 생산 수단의 조달이나 자금의 융통성을 통해 이러한 과정을 통하여 운영해 가는 지속적인 재생산 활동을 하는 조직체여야 한다.[17]

농업 경영의 목적은 농업을 구성하는 여러 조건에 따라서 또는 시대의 변천과 더불어 변화하는 성질을 가지고 있다.[18] 어느 시대에 어떠한 장소에 있어서도 구별 없이 적용될 수 있는 공통적인 경영 목적이란 있을 수 없다. 개별농가의 사정, 경지면적, 노동력, 자본 등이 서로 다르기 때문에 각 농가가 택한 농업 생산과 경영 목적은 어느 시대이든 농가 간의 차이가 있기 때문이다.[19] 화폐 경제가 발달하지 못했을 때의 농업은 자급자족의 농업이었으나 오늘날과 같이 화폐 경제 시대는 단순히 양적 증산만을 목표하지 않고 화폐 가치로 표현되는 조수익이 되도록 하는 것이다.[20]

---

17 심영근, 이상무, 위의 책, p. 27.
18 심영근, 이상무, 위의 책, p. 26.
19 심영근, 이상무, 위의 책, p. 30.
20 심영근, 이상무, 위의 책, p. 30.

최근 학설에 의하면 농업 경영의 목적은 광의의 개념으로 볼 때 농장의 가족과 사회, 경제적 목표의 증대에 있다고 본다.[21] 이것을 농업 경영학의 학문적 성격으로 다음과 같이 정의한다.

> 농업 경영학을 정의하면 농업 경영의 본질을 탐구하고 어떻게 하면 가장 효율적으로 농업 경영의 목적을 달성할 수 있을 것인가의 이론과 방법을 연구하는 학문이라 할 수 있다. 농업 경영학의 중점이 농업인의 사경제적 목표 달성에 있기 때문에 개별적인 농업 경영에 주된 관심을 두지 않을 수 없다. 따라서 농업 경영학은 개별적인 농업 경영의 목표로서의 농업 순수익 또는 농업 소득을 최대로 올리기 위해 경영 자원을 가장 효율적으로 결합 이용하여 농업 생산성을 높여 나감으로서 수지에 맞는 농업 경영을 계속적으로 영위하게 하는 방법을 구체적으로 연구하는 학문이라고 할 수 있다.[22]

하나님이 주신 씨 맺는 채소와 씨 가진 과일과 곡식을 농사 경작으로 자급자족하면서 시대의 변천에 따라 생산과 경영으로 경제적 소득을 올려 삶이 필요한 것을 풍성하게 하여 건강한 삶을 누리게 한 것을 발견할 수 있다. 경제적 빈곤은 건강한 삶을 살기가 어렵게 만든다.

농업은 자연을 이용하여 인간이 필요로 하는 식품과 의류, 의약품 등을 생산하는 필수산업인 동시에 비교적 자연에 가깝고 자연과 더불

---

21 심영근, 이상무, 위의 책, p. 35.
22 심영근, 이상무, 위의 책, p. 38.

어 있는 산업이다.[23]

미래학자 앨빈 토플러(Allvin Toffler)는 그의 저서『제3의 물결』에서 제1, 제2, 제3의 파도를 그 시대와 사회의 특성에 따라 구분했다. 제1의 파도는 농경사회이다. 이 농경사회는 1년이라는 기간 동안에 농사하여 1회 수확하고 1회 수입으로 자급자족하는 사회였다. 제2의 파도는 산업사회로서 가계는 노동력을 공장에 제공하고 매달 월급을 받아 1년 12회 수입을 가지고 살아간다. 제3의 파도는 정보화 시대로서 시장화 시대이다. 시장에는 매일 상품이 거래되고 경제가 순환한다. 그리고 이 시장이 세계화되어 가는 곳에는 시간을 다툰다. 이렇게 빠른 경제 순환의 흐름 속에서 농업도 매일 판매하고, 매일 수입을 올리도록 해야 한다. 이러한 시장 경제의 속도를 따라가기 위해서는 빌게이츠가 주장한 것처럼, 최고 품질 경쟁과 저가 가치 경쟁 그리고 신선도의 경쟁에서 앞서가야 한다.[24]

3. 1차 산업과 인류 건강

호주의 유명한 경제학자 클라크(C.G Clark)는 그의 저서『경제 진보의 제조건』(The condition s of Economic progress)에서 한 나라의 모든 산업을 1차 산업, 2차 산업, 3차 산업으로 분류하였다.[25] "제1차 산업은 농업, 임업, 목축업, 수산업 등과 같이 원시적 산업이다. 제2차 산업은 광업, 제조업, 건조업,

---

23 심영근. 이상무, 위의 책, p. 47.
24 이성로,『자립선교 가능하다』(2013. 경기: 도서출판 중국지로, 2013), p. 123.
25 "산업,"『세계백과 대사전』(서울: 교육도서출판, 1990년도판).

전기업 같은 근대 산업이다. 제3차 산업은 상업, 금융업, 보험업, 운수업, 창고업 등과 같은 재화의 유통에 관한 여러 산업들과 더불어 서비스업을 포함하고 있다. 서비스업에는 공무원, 행정 업무, 교사의 교육행위, 변호업, 의료업, 영화업, 다방업, 이발업, 용역업이 포함된다.[26] 이러한 산업의 분류는 주로 산업이 발달한 선진국가에서 볼 수 있는데, 산업화 과정을 거치면서 그중에는 인류의 건강을 위한 산업도 있지만 건강을 해치는 비인간화적 산업도 나타나게 되었다. 그러면 산업의 본래 의미를 찾아보자. 국어사전에 나타난 사전적 정의를 보면,

> 산업이란 생산하는 사업, 곧 자연물에 사람의 힘을 가하여 그 이용가치를 창조하고 또 이것을 증대하기 위하여 그 형태를 변경하거나 또는 이것을 때에 따라서 이전시키는 경제적 행위.[27]

라고 할 수 있다. 이를 창세기 1장 29-30절의 말씀에 적용해 보면, 산업 즉 생산해서 먹고 생명을 유지하는 것만이 아닌 경제적 행위까지 포함하여 생각해 볼 수 있다. 씨 맺는 채소를 다량 생산하여 여러 사람들이 먹고 살게 하는 공동체적 생명 유지와 보전을 염두에 둔 말씀인 것이다. 다량 생산으로 농산물을 판매 출하하여 경제적 소득을 올리고, 이에 따른 경제력을 가지고 재투자하여 과일과 곡식을 더 생산할 수 있다. 이 산업이 흥왕하면 절대 빈곤의 가난을 몰아내고 자신과 타인이 다 함께 풍요롭게 살 수 있을 것이며 이러한 생산과 소비를

---

26   편집부 편, 위의 백과사전, p. 390.
27   "산업,"『새로 나온 국어 대사전』(서울: 민중서관, 2001년도판).

통해 건강한 삶을 사는 것이 하나님의 뜻하신 목적이라 할 수 있다.

그러나 오늘날 식량 생산을 위하여 사람들이 하는 일에 많은 문제점이 발견되고 있다. 그 첫째가 식량증산을 위해 화학비료를 쓰는 것이다. 그 결과 토양이 오염되고 산성화되어 땅을 황폐화 시키고 있다.

〈토양 오염 조사에 의한 오염〉

최근에 와서 사람들은 환경오염에 대한 관심이 점차로 높아지고 있으며 그 오염 영향은 인간은 물론 다른 생물체에도 미치고 있다. 주요한 오염은 도시화 산업화 과정에서 다량으로 이용되는 화학적 폐기물이다. 토양은 기본적으로 의도적이든, 그렇지 않은간에 이러한 생성 폐기물이나 화학물질을 받아들이는 수용체이다. 더욱이 이들 물질이 일단 토양에 들어가면 인간을 포함한 모든 생명체에 영향을 미치는 순환계의 일부가 되어 버린다. 오염 물질에 대해서는 적어도 토양에서 반용, 관리수단, 파괴 또는 물질간의 상호작용 등을 이해하는 것이 기본이다. 경지 토양에서도 예외없이 여러 가지 원인으로 오염이 진행되고 있다.[28]

이에 대한 대책으로 농업에서는 유기농업(친환경 농업)으로 바꿔야 한다는 주장이 나오고 있다. 유기농업을 실천하는 농가는 농장 내에서 양분을 수평적, 수직적으로 순환하도록 체계를 만들어 재이용하면서 화학비료와 농약의 사용을 피하고 건강한 토양 만들기와 토양 비옥도 증진에 주력한다.[29]

---

28 김진우 외, 『토양 비료 개론』(서울: 선진문화사, 2004), p. 188.
29 손상묵, 『유기농업(참 먹거리 생산의 이론과 기술)』(서울: 향문사, 2007), p. 31.

둘째, 식량증진을 위한 농약 사용으로 토양과 하천이 오염되고 인체와 동물에 많은 영향을 끼치고 있다. 그 대책으로 병충해와 잡초는 윤작과 기계적인 수단을 통하여 경제적 피해 수준이라도 제어되며, 다양한 작물의 재배, 천적 미생물 등에 의해 제어되도록 한다. 제초제, 살충제 및 유전자 변형 작물(GMO)은 사용하지 않는다.[30]

유기농업은 화학 비료와 합성 농약을 사용하지 않는다는 것 이상의 의미가 있다. 유기농업은 단순히 비화학적인 영농 방법일 뿐이라고 보는 것은 유기농업이 환경을 파괴하지 않을 뿐만 아니라 오히려 환경보전과 생태계에 유익하다는 커다란 의미를 처음부터 완전히 무시한 커다란 오해이다. 만약 유기농업이 관행 농업을 모방하여 오직 화학 비료와 합성 농약의 사용만을 금지한 것이었다면 유기농업은 아마도 실패하고 말았을 것이다. 유기농업은 화학 비료와 합성 농약과 같은 유해물질들을 사용하지 않는다는 것 이상의 것이며 오히려 건강한 생태계를 적극 조성해 가는 영농 방법이라는 점이다. 이것이야말로 소비자들의 의문점을 갖고 있는 무농약 재배와 유기재배 표시의 차이점이라고 할 수 있다. 그러나 이것도 유기농업 기본 원리의 일부분일 뿐이다.

유기농업에는 무엇보다 건강한 토양 만들기와 토양 비옥도의 유지, 증진을 중요시한다. 또한 자연 생태계의 균형을 유지하지 못한다는 단작 중심이 아니라 농장 내의 식물과 동물의 여러 종이 다양하게 존재하도록 하는 일에 실천적 노력을 기울이고 있다. 농장내의 생명체(organism)는 상호 연관되어 있으며 하나의 생명체는 또 다른 생명체에 영향을 끼치게

---

30 손상묵, 위의 책, p. 31.

된다는 상호의존성은 자연의 생명체가 총체적 환경에 깊이 관련되어 있다는 전체적 개념을 이끌어 가고 있기 때문이다. 이러한 유기농장 생태계 전체의 틀 안에서 효과적인 물질 순환, 자연 자원의 이용, 건강한 가축 사양, 농장 외부로부터 유입되는 자원 사용을 최소화하는 생태적인 병충해 제어와 잡초 제어 등의 기술들을 농장마다 작물의 종류에 따라 그리고 기상과 지역에 따라 적절한 대응책을 사용하는 것이 유기농업이다.[31]

〈유기 농업의 핵심 원리〉

유기농업은 ①건강한 토양과 비옥도 유지 ②생물의 종 다양성 ③유기체(Organisom)의 상호의존성 ④농장 외부 자재 투입의 비의존성 ④농업체계의 한 부분으로 생태계 전체를 관리하는 총체적 생산체계(holistic production management)가 핵심 원리이다.[32]

이것은 하나님이 주신 채소, 과일, 곡식들을 생산할 때 화학 비료나 농약으로 황폐된 땅이 인체와 동물의 생명에 큰 해를 끼치는 일을 막고 건강한 생명을 보전 유지하기 위해 하나님의 말씀과 관계에서 중요한 지혜를 알려 주고 있다.

셋째, 식량 생산의 증산을 위해서 사용하는 공장형 축산물 생산, 공장형 소고기 생산을 위한 집단농장, 돼지농장, 칠면조 닭과 계란 증산을 위한 양계장에서 사용되는 사료에 항생제 첨가로 생명체에 해를

---

31   손상묵, 위의 책, pp. 31-32.
32   손상묵, 위의 책, p. 35.

주는 일이 문제점이다. 이러한 가축 분뇨는 유기농업용으로도 사용이 불가하다. 항생제가 인체에 축적이 되어 건강과 생명에 큰 문제가 되고 있다.

이에 관해 미국의 조엘 샐러틴(Joel Salatin)이 『미친 농부의 순전한 기쁨』이라는 저서를 출간했다. 이 책은 가축의 본성대로 키우는 폴리페이스 농장 이야기를 통해 항생제를 사용하지 않고 가축을 길러 올바른 먹을거리를 생산하고 있음을 알리고 있다. 공장형 축산으로 오는 항생제 피해를 막고 얼마든지 친환경으로 생산이 가능하다는 점을 보여 주고 있다. 식사는 올바른 식품을 먹는 것이다.[33] 그의 표현을 빌면, "이 농장에서 생산하는 식품은 모두 후원자의 배 속에 살고 있는 3조 마리의 미생물을 신나게 한다."[34] 그는 다음과 같이 말한다.

> 우리는 생명의 본질을 존중하고 중시하며 또 모든 동식물의 삶의 터가 그들의 생리적 특성을 오롯이 표현하는 공간이 될 수 있도록 돕는다. 나의 이러한 개념은 성경에 뿌리를 두고 있다. 창세기의 창조 기록을 보면 하나님은 각각의 생물학적 생명체에게 그 종류대로 후손을 남기려고 명령한다. 그 종류대로의 번식과 고유성, "그 종류대로"라는 말씀은 부모의 유전적 동질성을 의미한다. 다시 말해서 돼지가 송아지를 낳지 않고 토마토 줄기에서 도토리가 열리지 않는다.[35]

---

33 Joel Salatin, *The Sheer Ecstasy of Being a Lunatic Farmer*, 유영훈 역, 『미친 농부의 순전한 기쁨』(서울: RHK, 2012), p. 152.
34 Joel Salatin, 위의 책, p. 511.
35 Joel Salatin, 위의 책, p. 208.

넷째, 식량 증산을 위한 유전자(DNA) 변형 농산물 문제이다. 이는 옥수수의 유전자 변형으로 슈퍼 옥수수를 만들거나 콩을 다량 생산하기 위하여 유전자를 인위적으로 조작하는 일이다. 그러나 유전자가 변형된 사료와 곡식을 동물과 사람이 먹을 경우 세포의 유전자에 영향을 주어 건강을 해치는 일이 많아지고 있다. 유전자 변형 농산물의 대표 기술을 보유한 다국적 바이오 기업인 몬산토는 세계 곳곳에서 반대 운동에 부딪치고 있다. 유전자 조작으로 식물 종자를 튼튼하게 해서 수확량을 늘린다는 것이 얼핏 들으면 좋은 일인 것 같지만 문제는 유전자 조작이 결국은 전체 생태계에 부정적인 영향을 끼쳐 나중에는 생태 교란이 일어날 것이며 유전자 조작식품을 장기간 섭취하면 인체에도 좋지 않다는 주장이 끊임없이 제기되고 있는 것이다. 샐러틴은 이렇게 주장한다. "몬산토가 지지하는 법안이라면 나도 반대한다. 몬산토와 그 친구들이 지지하는 모든 것의 반대편이 우리의 영역이며 올바른 장소이다."[36]

이와 같이 1차 산업에 하나님이 주신 먹을거리(식량)를 생산하는 일에서 문제는 건강과 생명 보존을 위한 것이어야 함에도 인간의 탐욕적 증산을 위하여 화학비료 사용과 농약 사용, 항생제 사용과 DNA 변형으로 악영향을 끼치는 문제를 찾게 되었다. 이 문제를 극복하기 위해서는 유기농업, 친환경 농업, 자연 농업으로 생명 보전과 건강 유지를 위한 깨끗하고 오염되지 않은 농산물을 생산해야 한다는 것이다.

---

36 Joel Salatin, 위의 책, p. 513.

4. 2차 산업과 인류 건강

2차 산업이란 농업, 목축업, 임업, 어업 등, 1차 산업을 통해 생산된 농수산물을 가공(제조)하여 상품화하고 화폐 경제에 투입하는 것을 말한다.[37] 하나님이 주신 채소, 과일, 곡식을 가공하여 판매하고 상품화하고 때로 겨울과 여름을 위하여 저장하는 일이다. 이러한 일 또한 건강과 생명 보전을 위한 하나님의 목적에 일치하게 해야 한다.

조엘 샐러틴은 자신이 경영하는 폴리페이스 농장은 정상적인 식품만을 생산한다고 주장한다.[38] 여기서 정상적인 식품이란 오랜 세월동안 인류와 함께 한 식품, 우리 선조들이 기르고 먹었던 식품과 모양도 같고 맛도 같은 식품, 취급도 그렇게 되는 식품, 역사적으로 정상적인 식품이라는 의미이다.[39] 이것은 비정상적인 세상에 보내는 정상적인 음식이라고 한다. 그는 다음과 같이 말한다.

> 우리 배 속의 장에는 약 3조 마리의 미생물이 살고 있다. 그들은 우주 여행이나 컴퓨터가 존재하는 이 세계와는 전혀 다른 별개의 세상에서 독립적으로 존재한다. 그들의 시간은 우리의 시간과는 다르다. 창자 속의 세상은 제퍼슨 시대나 21세기나 달라진 게 없다. 이들 미생물은 그때와 똑같은 음식을 지금도 원한다.[40]

---

37 Teevan John, *Mission and 2/3 Word Economic Development*, 23. January. 2012. 강의록.
38 Joel Salatin, 앞의 책, p. 179.
39 Joel Salatin, 위의 책, p. 179.
40 Joel Salatin, 위의 책, p. 181.

이 미생물은 악성과당을 다루는 법을 모른다. 휘발유를 사용하도록 설계된 자동차에 경유를 넣으면 문제가 생긴다. 사람의 몸도 이와 같이 문제가 생긴다.[41] 건강하게 제 명대로 살려면 1900년 이전에 없었던 식품은 절대로 먹으면 안된다는 이야기를 들은 적이 있다.[42] 오늘날의 미국인을 대상으로 1900년 전부터 있었던 음식만을 먹으라고 한다면 식습관 자체가 완전히 바뀌어야 한다.[43] 그는 식사와 건강을 비정상으로 만드는 것들을 알려 준다.

> 미국 고등학교 미술교사로 일하는 교사가 매년 한차례씩 정물화 수업을 위해서 학생 한 명에게 둥그런 솥을 가져오게 했다. 그런데 마지막 해에는 수업을 듣는 20명 가운데 집에 솥이 있는 학생이 한 명도 없었다. 그녀는 궁금해서 물었다. 어디다가 음식을 해 먹니? 학생들이 대답했다. 전자렌지요. 참 무서운 이야기다. 이것은 정상이 아니다. 하지만 현재 식품업계는 생산에서 가공에 이르는 모든 분야가 이런 상황이라고 생각한다. 최소한 그런 상황을 정상으로 보이게 하는데는 통달해 있다. 더 나아가서 다른 나라도 미국의 식품 산업을 열심히 모방해야 한다고 생각한다. 미국의 정상적임을 전 세계로 수출하자는 것이다.[44]

식품 산업은 소비자의 몸에 생체 실험을 하고 있다. 우리 몸을 대상으로 생체 실험 중이다. 이 비정상적인 성분에 우리 몸이 얼마만큼 견

---

41   Joel Salatin, 위의 책, p. 182.
42   Joel Salatin, 위의 책, p. 182.
43   Joel Salatin, 위의 책, p. 182.
44   Joel Salatin, 위의 책, p. 183.

딜 수 있는지 알아보는 실험이다.[45] 흥미로운 것은 바른 먹을거리 운동이 비전통적인 것으로 여겨진다는 사실이다.[46] 우리의 식품을 비정상으로 만들게 하는 것들은 산성 화학 비료 유기산 살충제, 살구더기제와 구충제, 유전자 조작 농산물, 전기 방사선 처리, 집중 가축 사육시설,[47] 장거리 식품 운송, 고과당 옥수수 시럽, 청량음료, 시간에 쫓기는 식사, 고도로 가공된 식품들이다.[48] 샐러틴은 "이런 나쁜 음식에는 지갑을 절대 열지 말자."면서 "부엌에서 느리게 만들어 먹는 음식을 추구해야 한다."[49]고 말했다.

식품업계와 정부의 식품 안전 기준은 정말 큰 문제이다.[50] 비만과 제2형 당뇨병을 비롯한 다양한 질병의 전례없는 빠른 증가가, 정상적인 식품을 거부하는 식품업계와 정부의 식품 정책 때문임을 대중들은 언제쯤 깨닫게 될까?[51] 이러한 문제가 2차 산업에서 일어나는 것들이다. 하나님이 주신 먹을거리를 가공하여 식품을 제조할 때도 우리의 건강과 생명 보전 유지를 위해서 긍정적이고 더 효과적인 방법이 무엇일까 찾아야 한다.

이런 측면에서 발전한 것이 발효식품이다. 다른 말로 식품공학이라고 한다. 또한 물질의 근본과 그것들의 상호작용을 연구한 학자들이 있다. 이들이 실험하고 개발한 것들을 살펴서 2차 산업에서 하나님의 말씀과 건강의 관계성을 찾으려 한다.

---

45   Joel Salatin, 위의 책, p. 183.
46   Joel Salatin, 위의 책, p. 184.
47   Joel Salatin, 위의 책, pp. 185-187.
48   Joel Salatin, 위의 책, pp. 188-189.
49   Joel Salatin, 위의 책, pp. 190-196.
50   Joel Salatin, 위의 책, p. 198.
51   Joel Salatin, 위의 책, p. 202.

1) 발효식품 개발

일차 산업인 농산물에 들어 있는 미생물을 발효시켜서 몸에 유익한 효소를 만드는 것은 우리 몸에서 요구하는 미생물을 증식시켜서 공급해 주는 일이다. 하나님이 주신 미생물을 2차 산업의 제조업으로 증식시켜서 건강에 좋은 제품을 생산하고 여러 사람들에게 분배하여 건강과 생명을 함께 누리도록 하는 일은 중요하고 지혜로운 일이며 하나님이 주신 생명을 보전하게 하는 일이다. 그러므로 발효식품에 대하여 살펴보자.

미생물의 이용(발효공업)을 살펴보면 "인류는 옛날부터 포도주, 맥주, 청주 등의 알콜 음료를 위시하여 빵, 된장, 간장, 치즈 등의 발효식품을 만들 때 경험적으로 미생물을 이용하여 왔다."[52]

> 시대와 더불어 발효 현상은 미생물에 관여하는 화학 반응이라는 것이 밝혀지게 되었다. 또한 미생물의 순수 배양법의 개발과 더불어 유용 미생물이 발견되면서부터 미생물은 식품뿐만 아니라 의약품, 농약, 사료 분야에도 널리 이용하게 되었다.
>
> 현재는 발효 공업은 1대 산업으로 발전되어 우리들의 생활에 공헌하고 있다. 또 인구의 증가와 경제의 급속한 발전으로 이에 따른 증가는 환경 오염의 방지를 위하여 도시 하수나 공장 폐수의 처리에도 이 미생물이 이용되고 있다.[53]

---

52 심상국 외, 『발효식품학』(서울: 도서출판 진로, 2010), p. 29.
53 심상국 외, 위의 책, p. 29.

생명공학으로서의 발효공학을 살펴보면 다음과 같다.

> Mendel이나 Morgan 등에 의해서 동물을 재료로 하여 유전학이 체계화
> 되었다. 1941년 미국 Beadle이나 Tatum에 의한 Neuospora의 영양 요구성
> 변이주를 이용한 유전 생화학이 탄생한 미생물로 유전학 연구의 좋은 재
> 료로 이용되고 있다. 그 후 Watson, Crick 등에 의해서 유전자의 본체인
> DNA의 이중사선 구조가 제창되고 이것을 계기로 내 생물이나 바이러스
> 를 이용한 유전 생화학 분자 생물학도 비약적인 발전을 하게 되었다.[54]

지난 30년간 발전해 온 발효 공업도 하나의 생산성 공업 분야로 기
틀을 잡기 시작하였다. 오늘날에 와서는 장류와 같은 발효식품을 비
롯하여 주정, 아미노산 발효 공업 등 몇몇 분야에 있어서는 국제 수준
으로까지 발전하였다.[55] 발효 공업 식품 개발의 한 품목인 김치 발효에
대하여 살펴보면 건강과 깊은 관계성이 발견된다.

> 김치에 사는 유산균을 김치 유산균이라 부르는 것이 습관화되었다. 유산
> 균을 영어로 'lastic acid bacteria'라고 하며 한자로 乳酸菌, 젖유, 실산, 세
> 균균이다. 세균이 우유를 먹고 산을 만든다는 뜻으로 유산균이며 젖산균
> 이라고 한다.[56]

김치는 채소를 발효시킨 식품으로 2차 산업에 속하는 제조업이다.

---

54   심상국 외, 위의 책, p. 38.
55   심상국 외, 위의 책, p. 39.
56   한홍의,『김치, 위대한 유산』(서울: 도서출판 한울, 2010), p. 140.

이 김치에서 유산균이 발견되었다. 그 이름이 류코노스톡스속, 락토바실주스속, 바이셀라 속이 있다. 이 유산균은 일반인에게는 좀 생소하게 들릴지도 모르지만 1990년 이전에는 락토바실루스속에 속한 유산균이다.[57]

콜린스(M.D. Collins)등이 따로 분리하여 바이셀라속으로 명명하게 되었다.[58] 새로운 유산균, 류코노스톡 김치아이는 조류독감 바이러스를 치사시킬 수 있다는 연구는 세계적인 경사라 할 수 있다.[59]

2004년은 건강식품 원년이라 할 수 있다. 그 이유는 이 유산균이 항암 효과가 있을 뿐만 아니라 유해 세균인 식중독 세균의 성장을 억제까지 할 수 있다는 것이 발견되었기 때문이다.[60] 먼저 기능 식품을 살펴보면, 일설에 의하면 유산균이 충분히 증식할 수 있고 동시에 사람에게 이로운 물질이 있는 식품, 마지막으로 양쪽을 모두 구비한 식품으로 구분된다.[61] 또 발견된 것은 가바(GABA)의 효능이다. 최근 김치에서 분류된 유산균이 억제적 신경전달 물질(Inhibitory neurotran-somitter)인 가바를 합성할 수 있다는 사실이 알려지면서 김치에 대한 관심이 높아지고 있다.[62]

가바의 효능을 보면 뇌기능을 향상시키고 생리학적 노화를 감소시킨다. 임상적으로 입증된 점을 열거하면 다음과 같다.

57   한홍의, 위의 책, p. 141.
58   한홍의, 위의 책, p. 142.
59   한홍의, 위의 책, p. 155.
60   한홍의, 위의 책, p. 170.
61   한홍의, 위의 책, p. 171.
62   한홍의, 위의 책, p. 172.

뇌 기능은 물론 정신을 맑게 해 주고, 신경전달물질의 기능을 증진시키고, 사람의 성장 호르몬(Human Growth Hormone, HGH)을 증가시키며, 심신의 긴장과 스트레스를 풀어 주고(Remcrapid eye cnovement) 수면을 증진시키고 혈압을 안정시킨다. 이 외에 관절염(arthritis)과 근육통(lower back pain) 같은 만성통증을 감소시킨다.

둘째, 근육이완을 도와주고 긴장 스트레스를 감소시키며 심신의 피로를 풀어 준다. 셋째, 사람의 성장 호르몬 생성을 증가시켜 거의 모든 생리적 기능을 개선시켜 준다. 성장 호르몬 생성을 회복시켜 줌으로써 얻은 중요한 이점은 다음과 같다. 심장, 간장, 간, 허파와 같은 기관의 재생, 면역계의 강화, 수면 개선, 신체 지방과 셀룰라이트(cellulite 노폐물)의 감소, 주름 감소, 피부 조직과 용모의 개선 골밀도의 증가와 골다공증(osteop orosis)교정, 순수 근육 부피(lean muscle mass)의 증가, 웰빙의 기분과 감각의 증가, 성욕과 성생활의 향상, 에너지의 증가, 콜레스테롤 포로파일 개선 등이 알려져 있다. 이러한 효능 때문에 건강보조식품(health supplement, health benefits)으로 각광받고 있다.[63]

한국은 1,700개의 김치공장에서 1년에 1조 원의 매출을 올리며 2차 산업으로 발전하고 있다. 경기도 연천 농협 김치공장 기술부장이 인터뷰에서 알려 준 사실도 김치를 외국에 수출하려면 검역을 거쳐야 하고 거기서 세균이 한 마리만 나와도 수출이 안 된다. 그래서 그는 세균을 살균 처리할 방법을 찾고 있던 중, 우연히 김치 재료에 있는 세균들을 제거하는 방법을 발견하였고, 김치를 담아서 발효가 되

---

63 한홍의, 위의 책, p. 173.

면 모든 세균이 전멸하고 유익한 유산균만 남는다는 사실을 발견하였다고 한다. 채소 발효는 이렇게 2차 산업을 통하여 인류 건강에 크게 공헌하고 있다.[64]

이 유산균을 최근에는 슈퍼 유산균으로 개발하여 상품화하고 있다. 자연의학 발명가, 박세준 박사와 박우현 교수(경희대 한의학 박사), 충북대학교 의과대학 최중국 교수와 계명대학교 의과대학 의학학 유전공학 교실 장병칠 교수팀이 공동연구하여 발표한 문헌들이 있다.

> 의학의 정의로 치료 행위는 병원균을 잡는 치료 방법은 현대 의학의 대체 의학이다. 하나님이 만든 슈퍼미생물로 병원균을 잡는 치료 방법이 의학 중의 의학인 정통 의학이다. SJP 효소는 부작용이 없는 질병의 근원을 해결한다.[65]

또한 토종 슈퍼 발효균 연구 논문이 충북대학교 의과대학에서, 인간 면역세포 면역증강 실험과 계명대학교 의과대학 항암 실험 연구 결과를 발표하였다.[66]

최종결론으로,

> SJP 유산균 고형제에 의한 인간 암, 대장암, 구강암, 폐암, 전립선암, 유방암, 신장암, 간암 세포증식 억제 효과를 확인함. SJP 유산균 고형제가

---

64   경기도 연천 농협 김치공장에 러시아에서 온 선교지 사역자들을 견학시키는 날 2009. 10. 28일에 농협 기술부장의 인터뷰 증언이다.
65   박세준, 앞의 책, p. 2.
66   박세준, 위의 책, pp. 12-18.

처리된 MCT-116 대장암 세포내 PK-1/2 활성 증가 및 TF-4 단백질 발현 감소가 일어남. SJP 유산균 고형제에 의한 RK-1/2 활성 증가는 유산균이 가진 CT-116 대장암 세포 증식 억제 효과와 관련이 없음. SJP 유산균 고형제에 의한 TF-4 발현 감소가 유산균이 가진 CT-116 대장암 세포 증식 억제 효과와 연관성이 있을 것으로 추정됨.

또한 SJP 유산균 대사생물 액상에 의한 여러 인간 암, 대장암, 전립선암, 유방암, 신장암, 간암세포 증식 억제 효과를 확인함. 상세한 연구자료와 연구 발표 동영상은 www. bio119.co.kr에서 확인할 수 있다.[67]

이러한 슈퍼 유산균 제조 방법을 보면 다음과 같다.

1차로 한약 오가피와 쌀눈, 쌀겨 등 곡류 영양소를 추출한 액체 배지에 종균을 접종하여 발효시키고 완전히 효소화한 액상 효소를 준비한다. 상기 준비된 액상에는 쌀눈, 쌀겨와 한약에 잔류 농약이 깨끗이 해소된 영양소가 효소로 변화된 액체 효소 1cc에 평균 수억 마리의 슈퍼 발효균이 존재한다.[68]

2차로 쌀눈, 쌀겨와 현미, 대두, 보리, 밀 등 10여 종의 곡물 분말에 액상 효과를 첨가하고 반죽하여 제환 또는 과립, 분말로 제조하여 발효 장치에서 37도로 발효하고 37도에서 건조시켜 4-5년 이상 보관해도 변질되지 않는 식품 제조 방법을 개발하여 대한민국 특허 기술 대전에서 금상

---

67   박세준, 위의 책, p. 19.
68   박세준, 위의 책, pp. 116-117.

을 수상하였다. 따라서 슈퍼 발효균과 첨단 발효 기법으로 식품을 생산할 공장이 필요했다.[69]

이러한 식품 연구 개발을 하는 자들은 모두 다 하나님의 창조를 믿고 있으며 이러한 연구를 통해 2차 산업에서 인류의 건강과 생명 보전의 길을 찾으려 애쓰고 있다. 그 근거가 되는 말씀인 창세기 1장 29-30절에 주신 식물을 재료로 하여 개발하고 있는 것이다.

5. 산업을 주신 하나님의 의도

하나님의 의도를 알 수 있는 길은 하나님이 친히 특별 계시로 보여주신 성경을 통해서만이 알 수 있다. 바울 사도는 "곧 계시로 내게 비밀을 알게 하신 것은 내가 먼저 간단히 기록함과 같으니 그것을 읽으면 내가 그리스도의 비밀을 깨달은 것을 너희가 알 수 있으리라(엡 3:3-4)."고 했으며, 또 "영원부터 만물을 창조하신 하나님 속에 감추어졌던 비밀의 경륜이 어떠한 것을 드러내게 하려 하심이라(엡 3:9)."고 하였다.

신학적으로는 일반적 계시와 특별 계시로써 하나님을 알 수 있다. 그러나 하나님의 말씀은 특별 계시로써 하나님 자신을 계시하신 것이며 또한 자연을 통하여 계시하신다. 이 특별 계시는 인간을 구원하시

---

69   박세준, 위의 책, pp. 116-117.

는 특별 계시로 하나님의 구속의 계획이며 그렇게 하신 것이다.[70]

하나님이 자신을 계시하신 성경에 나타난 말씀을 통해서 인간을 창조하셨고 죄와 사망에서 구원하셨고 구원 받은 이후에 사람은 하나님과 올바른 관계가 회복되었으므로(롬 5:1-11; 엡 2:11-19) 이제는 하나님의 말씀을 순종하며 살아야 한다. 그런 삶을 위해 하나님의 뜻하신 의도를 찾아야 한다.

하나님의 뜻을 시작의 책 창세기에서 찾아보면 다음과 같이 나타난다.

> 하나님이 이르시되 땅은 풀과 씨 맺는 채소와 각기 종류대로 씨 가진 열매 맺는 나무를 내라 하시니 그대로 되어 땅이 풀과 각기 종류대로 씨 맺는 채소와 각기 종류대로 씨 가진 열매 맺는 나무를 내니 하나님이 보시기에 좋았더라(창 1:11-12).

여기에서 중요한 단어는 '내라'는 말, 즉 '솟아올라 오라', '움 돋아 올라오라'는 말이다. 12절의 '내라'는, '솟아오르도록 하라'는 사역형으로서 '생산하도록 하라'는 뜻이다. 하나님은 이후에 생산할 수 있는 일을 하는 사람을 창조하셨다.

> 하나님이 그들에게 복을 주시며 하나님이 그들에게 이르시되 생육하고 번성하여 땅에 충만하라, 땅을 정복하라, 바다의 물고기와 하늘의 새와 땅에 움직이는 모든 생물을 다스리라 하시니라(창 1:28).

70　Berkhof Louis, *Systematic Theology*(London: The Banner of Truth trust, 1971), pp. 36-37.

경작하고, 가꾸고, 다스려 생산할 수 있는 사람을 창조하시고 땅을 가꾸어 경작하는 책임자로 지으셨다. 그 사람을 에덴동산에 두시고 경작하며 지키게 하셨다(창 2:15).[71]

이렇게 경작하여 씨를 뿌리고, 가꾸어 생산한 채소와 과일과 곡식을 먹을거리로 주셨다(창 1:29-30). 먹을거리를 주신 뜻은 창조하신 사람의 생명이 유지, 보전되고 생명을 누리며 풍성하게 살도록 양식을 식품으로 주시고 건강하게 하신 것이다. 또 그 먹을거리로 생명을 가진 육체가 살 수 있는 에너지 원료가 되게 하셨다.

이 생산하는 일, 씨를 뿌려 거두는 농업이라는 1차 산업을 주신 것은 먹을거리를 먹어 생명을 유지하며 건강하게 살고 생산하여 풍성하게 살게 하신 의도이다. 이 풍성하게 살게 하시는 것은 자립형(독립) 인간으로 살면서 약한 자, 어려운 자를 돌보고, 손을 펴서 도우며 사는 사람이 되게 하신 것이다. 자립형 인간으로 살지 못하면 의존형 인간으로 남을 의지하고 구걸하며 살게 된다. 하나님께서는 그것을 원하지 않으셨다. 그 증거로 다음 성경을 보면 알 수 있다.

> 땅을 창조하고 아직 땅을 갈 사람이 없었다.
> 아담을 창조하시고 농사, 경작하게 하였다(창 2:5, 15).
> 땅을 가는 사람 가인(창 4:1-7),
> 땅의 사람 노아(창 9:20),
> 씨를 뿌려 백 배의 결실을 거두는 이삭(창 26:12-14),
> 밀을 포도주 틀에서 타작한 기드온(삿 6:11),

---

71 박동현, 『예언과 목회 3권』(서울: 한국장로교출판사, 1995), p. 171.

포도밭을 지키려다가 목숨을 잃은 나봇(왕상 21장),

소를 앞세워 밭을 갈던 엘리사(왕상 19:19),

짐승을 먹이며 돌무화과나무를 가꾼 아모스(암 7:14),

땅을 사랑한 웃시야(대하 26:10)[72]

또한 가나안 땅에 들어가서 나라를 이룰 이스라엘 자손에게 산업을
주시는 말씀이 기록되어 있다.

네 앞에 서 있는 눈의 아들 여호수아는 그리로 들어갈 것이니 너는 그를
담대하게 하라 그가 이스라엘에게 그 땅을 기업으로 차지하게 하리라 또
너희가 사로잡히리라 하던 너희의 아이들과 당시에 선악을 분별하지 못
하던 너희의 자녀들도 그리로 들어갈 것이라 내가 그 땅을 그들에게 주
어 산업이 되게 하리라(신 1:38-39).

이러한 성경의 기록을 통해 우리는 땅을 기업으로 주시고 1차 산업
활동하여 먹을거리를 풍성하게 거두어 살라는 하나님의 의도를 볼 수
있다.

또 풍성한 산업 활동을 하라는 이유는 신명기 15장 4-6절에 나타
나 있다.

네가 만일 네 하나님 여호와의 말씀만 듣고 내가 오늘 네게 내리는 그
명령을 다 지켜 행하면 네 하나님 여호와께서 네게 기업으로 주신 땅에

---

72 박동현, 『예언과 목회 9권』(서울: 비블리카 아카데미, 2009), p. 131.

서 네가 반드시 복을 받으리니 너희 중에 가난한 자가 없으리라 네 하나
님 여호와께서 네게 허락하신 대로 네게 복을 주시리니 네가 여러 나라
에 꾸어 줄지라도 너는 꾸지 아니하겠고 네가 여러 나라를 통치할지라도
너는 통치를 당하지 아니하리라(신 15:4-6).

가난하게 살게 되면, 먹을 양식을 구하지 못해 먹지 못하게 되고,
영양 결핍으로 각종 병이 오고 죽게 된다. 하나님이 기업으로 주신 땅
에서 풍성하게 먹을거리를 생산하여 가난을 몰아내고 풍요롭게 살게
하신 의도를 발견할 수 있다. 생명을 주신 하나님은 당신의 창조물이
생명력 있게 살고, 풍성하게 살고, 행복하게 살기 원하신다. 성경에
그런 의도를 밝히 알도록 기록하여 놓으셨다(신 10:13).

제프리 삭스(Jeffrey D. Sachs)에 의하면 세계 은행 통계에 하루에 1달러 미
만으로 사는 20억의 인구가 있다. 이런 빈곤층을 보면 먹을 양식이 없
고 물이 없으며 전기와 주방, 화장실과 위생 시설이 없다.[73]

또 선교학자 개린 벤 뤼넨(Gallyn Van Rheenen)에 의하면 선교는 하나님의
마음에서부터 시작되며 선교의 기본은 '보냄'이라 했다.[74]

그러므로 선교는 하나님께서 하시는 일이다. 아브라함도 하나님이
가나안 땅에 보내신 선교사이다. 그러나 그 선교사에게 하나님은 선
교비를 주지 않았다. 그 땅을 기업으로 주시고 산업 활동하며 하나님
의 도를 나타내게 하셨다. 그의 아들 이삭에게 가나안 땅에 머물게 하

---

73 Jeffrey D. Sachs, (The) end of poverty: economic possibilities for our time, 김현구 역, 『빈곤의 종
    말』(서울: 21세기북스, 2009), p. 29.
74 Gailyn Van Rheenen, Missions: biblical foundations and contemporary strategies, 홍기영 외 1인
    역, 『선교학 개론』(서울: 도서출판 서로사랑, 2003), p. 41.

였고, 거기 거주하며, 농사 경작자로 일하게 하셨다. 그러면서 가나안 땅에서 곡식을 100배나 거두도록 해 주시고 거부가 되게 하신 기록이 창세기 26장에 있다. 그의 아들 야곱도 거부가 되게 하였고, 손자 요셉은 애굽에 내려가서 풍년과 흉년에 산업을 지혜롭게 경영하고 저축과 분배를 지혜롭게 잘하는 산업 경영 지도자로 세우셔서 빈곤을 이기게 하는 일을 하였다. 하나님은 사람을 자립형(독립형, indipendence)으로 지으셔서 이 땅에 살게 하셨다. 그러므로 의존형 인간으로는 선교를 바르게 할 수 없다.

이상과 같이, 우리는 하나님께서 사람에게 땅을 주시고, 햇빛과 물을 주시고, 그 기초 위에 사람이 땅을 경작하여 풍성하게 생산하도록 하신 이유가 먹을 양식을 풍성하게 거두어 먹고, 건강하고, 번성하고, 생명을 누리고, 보전하고, 자립형 인간으로 복되게 살면서 하나님의 도를 전하는 선교 사역을 하게하신 의도임을 발견할 수 있다.

이르시되 너희가 너희 하나님 나 여호와의 말을 들어 순종하고 내가 보기에 의를 행하며 내 계명에 귀를 기울이며 내 모든 규례를 지키면 내가 애굽 사람에게 내린 모든 질병 중 하나도 너희에게 내리지 아니하리니 나는 너희를 치료하는 여호와임이라(출 15:26).

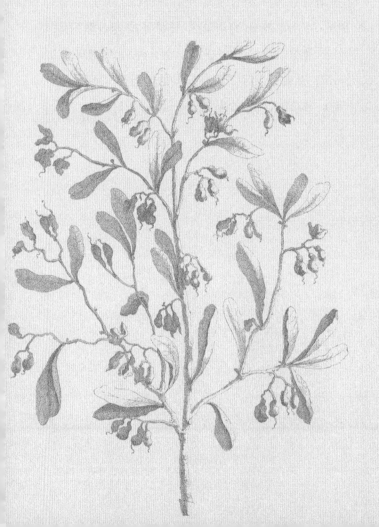

제5장

실행 연구

1. 선교지 실행 연구

필자는 서울 구로구에 위치한 구로제일교회 부임 후 교회 분열로 상처 입은 교회 상황을 파악하고 그 상처를 치유하는 목회를 하였다. 치유 목회를 통해 교회는 안정을 되찾았다. 이제는 참된 교회답게 살도록 하나님이 명하신 선교를 해야겠다는 비전을 가지게 되었다.

이 일을 위해 먼저 일천 원 선교후원 헌금을 시작하였고, 머지않아 2만 4천 달러라는 돈이 모아졌다. 이 작은 돈으로 어느 나라에 효과적으로 선교할까?라는 질문을 가지고 선교지를 찾았다. 러시아가 선교의 문이 열렸다는 정보를 동서선교회를 통해서 알게 되었다. 러시아는 소련의 공산주의 체제가 붕괴되고 고르바초프의 개방 정책으로 자유화 물결 속에 선교의 문이 열리고 있었다. 중요한 상황은 공산주의가 붕괴되자 주민들에게 무상배급이 중단되었다는 것이다. 주민들의 의식주가 중단되자 그들은 절대 빈곤에 빠져 버렸다.

복음은 가난한 자들에게 전파된다.

이곳에 선교하던 이소영 선교사를 통해 러시아 카프카즈(Cafecasus) 지역에 우리 교민(카레아스키 고려인) 4만 명이 살고 있다는 사실을 전해 듣게 되었다. 그들이 요청하기를 이곳에 교회를 세워 주고 복음을 전해 달라고 했다. 이미 이소영 선교사에 의하여 100여 개 교회가 세워졌고 한국의 동서선교회의 후원으로 교회가 확장되어 가고 있었다. 이러한 상황을 듣고 우리 교회는 엘호또보(Elchotovo)란 작은 도시에 $1500m^2$(500평)의 낡은 주택 한 채를 안내 받아 구입, 교회를 세우게 되었다. 이 건물에 신학교 교실 한 칸과 예배당, 본당과 양로원을 건축하게 되었다.

이때 러시아 정부는 경제적 어려움으로 그동안 국민들에게 실시해 왔던 무료 보육, 치료, 무상배급을 중단할 수밖에 없었다. 74년 동안 무상배급하던 일이 중단되자 국민의 대다수가 절대 빈곤에 빠졌다. 지도자의 정책 실패로 인해 국민들의 자립의지가 훼손되었고 삶의 능력이 상실되었으며 무엇을 어떻게 하고 살아야할지 큰 고통에 빠졌다는 것이 현지 이 알라 목사의 증언이었다.[1]

카프카즈 지역은 농촌 지역이어서 아무런 산업이 없었다. 이러한 빈곤에 처한 상황에서 선교가 시작되었다. 이러한 상황을 목격하고 관찰한 필자는 주민들의 삶이 너무 불쌍한 처지여서 예수님이 무리를 보시고 불쌍히 여기시던 모습이 생각나 통곡이 터져 나왔다. 먼저 저들에게 예배 공간, 교육 공간, 봉사의 공간을 마련해 주는 것이 시급

---

1   이성로, 『자립선교 가능하다』(박사학위논문, 미국 그레이스 신학대학원, 2013. 경기: 도서출판 중국지로, 2013), p. 129.

했다. 빈곤과 생태계 위기 시대를 맞아 이 시대의 선교는 생명을 살리는 선교에 치중해야 할 때다. 이러한 선교적 차원에서 위와 같은 공간을 제공하기로 하였다.[2] 이에 따라 신학교 강의실 1칸과 예배당 본당, 양로원이 세워지게 되었다. 이 공간이 엘로또보교회가 되었다. 그곳 주민들은 예배당이 세워지고 숙식이 편리해지자 스스로 모여서 성경공부를 하게 되었고 수련회, 부흥회, 신학교육을 진행하게 되었다. 여기에 하나님의 성령의 감동을 받는 일이 일어나 자기들 지역, 자기 마을에 가서 전도하여 11개 교회가 더 생겨났다.[3] 이 일이 계속 이어져 현재는 24개 교회로 확장되었다. 이것은 우리 교회 성도들에게 씨 뿌리는 선교가 무엇인지를 알게 해 주었다. 한 알의 씨앗을 심었더니 24개의 열매로 거두게 된 것이다.

2. 꼼소몰스꼬에(Komsomolskoe) 자립농장 개발 성공 사례

2006년 6월 30일 엘호또보교회의 영향으로 첫 번째 생긴 교회를 방문했다. 엘호또보에서 9km 떨어져 있는 산골 작은 마을 꼼소몰스꼬에였다. 교회를 담임하는 최엘리제이 전도사가 임시로 거처하는 낡은 주택에서 모였고 그 집에 속한 대지가 1헥타르(3,000평)가 있었다. 텃밭이 조금 있었고, 나머지는 풀밭이었고, 과일나무 몇 그루가 있었다. 이 땅과 낡은 집을 구입하기로 했다.

---

2 이성로, 위의 논문, p. 129.
3 이성로, 위의 논문, p. 129.

이곳에 자립농장을 세워 엘호또보양로원과 함께 자립할 계획을 세웠다. 먼저 젖소 6마리를 구입했다. 이 젖소들이 새끼를 낳아 12마리로 확장되었다. 우유를 착유하여 치즈를 만들어 판매하였다. 그해 첫수입 93,800루블($2,460)을 벌어서 양로원이 자립하였다. 그리고 2007년 그 땅을 개간하기 시작하였다. 최엘리제이 전도사가 나무로 작은 비닐하우스를 지었고 오이와 호박을 재배하여 자립을 시도하고 있었다. 필자가 이것을 관찰한 후, 농사를 지은 경험이 있는가를 물었다. 최전도사는 러시아로 이주해 온 후 공산당 치하에서 토지관리자로 일한 경험이 있었다.

땅을 개간할 때 축분(소똥)이 많이 나오므로 퇴비를 만들어 땅에 넣도록 하였다. 그러자 땅이 유기질이 많은 옥토로 변하였다. 필자는 좋은 정보를 알게 되었다. 러시아는 겨울이 길고 온도가 낮아서 채소 값이 고가라는 것이다. 그래서 채소농사를 촉성재배로 하여 고소득을 올리는 영농계획과 자립하도록 계획을 세우고 한국의 최우수 고품질 종자를 시험 재배하기로 하였다. 불암3호 김장배추와 백자 무를 포트재배로 하였다.

불암3호 김장배추와 무가 최고품질로 재배한 것이 성공하였다. 4년 동안 옥수수, 봄배추, 무, 김장용 배추, 무, 가지, 토마토, 고추, 파프리카, 오이, 호박 모두 성공하였다. 이 농사는 풀밭을 개간한 새 땅에 지은 것이므로 병충해가 없어서 농약을 준 일이 없고, 화학비료를 구할 데도 없어서 비료 한 번 주지 않고 유기질만 주고 농사한 자연적으로 유기농 농사였다.

매일 오이 100-150kg을 생산하여 출하하였다. 오이 1kg당 30루블(1$)의 값이었다. 매일 100불의 수입이 되기 시작하였다. 배추와 무는 김치를 만들어 판매하도록 하였다.

러시아에도 2009년에 세계적으로 유행한 플루(flu)라는 병이 발생하였다. 이 원인이 돼지에게서 나왔다 하여 돼지플루라는 말 때문에 러시아 오세치아 주에 있는 모든 돼지를 총살하였다. 그리고 나서 러시아인들의 입에서 나온 말이 있다. "왜 고려인들은 마스크를 안 해도 그 병에 안 걸리고 플루에 걸려도 죽지 않는가? 그들은 김치를 먹기 때문이다." 그들은 고려인들에게 김치를 내놓으라 했다. 이 말을 하는 러시아인들이 많아졌다.

이 말을 들은 필자는 김치를 담아서 팔면 얼마나 더 벌어지느냐? 물었다. 세 배를 더 받겠다고 대답했다. 이때 최 전도사의 부인 리타(Lyta)가 "된장을 어떻게 만듭니까? 고추장은 어떻게 만듭니까?" 하고 물었다. 왜 묻는지 알아보았더니 요즈음 러시아인들이 식사를 할 때 빵에 쨈을 발라 먹는 대신 고추장이나 된장을 발라 먹는다는 것이다. 그래서 이 기술도 가르쳐 달라는 것이다.

이 말을 들은 필자는 1차 산업만 가르쳤지, 2차 산업(제조업)을 가르치지 않았음을 알게 되었다. 농장에서 생산되는 배추, 무, 콩, 고추, 마늘을 발효식품으로 김치, 고추장, 된장을 2차 산업화하는 것을 가르치기 위해서 이들을 한국으로 초청하고 비행기 표를 보내 주었다. 이들은 한국에 와서 김치 제조법을 배우고 실습도 하였다. 된장, 고추장을 만드는 것을 배우고 실습하여 숙달하였고, 김치를 만들어 550kg을 판매까지 해 보았다. 이들이 돌아갈 때 후원자 P 장로가 1만 불을 도와주어 김치공장과 철근 비닐하우스를 시설하도록 하였다.

이들을 가르칠 때 농협 청산 김치공장을 견학하게 되었다. 이때 기술부장과 인터뷰하면서 김치 맛을 내는 기술과 여러 가지 중요한 기술들을 배우게 되었다. 또한 그는 김치를 만들어 수출할 때 검역을 거쳐야하는데 무균 상태로 나와야 한다는 것을 알려 주었다. 그는 또한 연구 결과 김치를 담아서 발효가 되면 김치에 있는 유산균에 의해 모든 세균이 전멸한다는 사실을 우리에게 알려 주었다.

김치는 미국 FDA(미국 식품의약국 Food and Drug Administration)에서 무균판정을 받은 식품이요 세계 5대 건강식품으로 판정을 받은 건강지킴이 식품이다.[4]

이들이 돌아가서 비닐하우스를 철근으로 만들고 2010년 3월 9일부터 온풍기를 가동하여 촉성재배로 육묘를 시작하여 농사를 경작하기 시작하였다. 포트에 오이, 토마토, 봄배추, 김장배추, 옥수수, 가지, 무, 파프리카, 고추, 마늘을 생산하여 매일 판매하도록 하였다. 2014년 1월 현재에도 이렇게 계속 생산하고 있다. 또 발효 효소를 보내 축분을 발효시켜서 땅이 계속 연작하도록 토력을 높여 주었다.

창세기 1장 11-12절의 말씀처럼 땅에서 솟아오르도록 하였고 하나님이 사람에게 명하신 대로 경작하게 하였으며 현재 농업기술로 고품질의 채소를 생산하게 하였다. 속도 경쟁에서 이기도록 신선도를 아주 높게 하였다. 처음에는 판로를 개척하는 것이 어려웠으나 2012년도부터 고품질과 저가 그리고 최고 신선한 것이 입소문으로 퍼져 나가 현재는 서로 다투며 사가는 현상이 나타나고 있다.

지난 2012년 5월에 러시아 오세치아 주에 닭병, 즉 뉴캐슬이 유행되어 모든 닭이 죽는 일이 벌어졌다. 그때 TV에서 김치를 먹이면 닭이 죽지 않는다는 방송을 하였다. 당시 이 농장에는 각 교회에 분양할

---

4   이성로, 위의 논문, p. 140-148.

큰 닭 40마리와 병아리 80마리가 부화되어 자라고 있었다. 이 닭들도 전염될 가능성이 있었는데 김치를 만들어 먹고 사는 가정이어서 그 김치 국물을 먹였다. 그 결과 병아리 한 마리 죽지 않았고, 이 집 닭은 다 살았다. 이 사실은 김치 안에 채소 발효된 유산균이 슈퍼 박테리아까지 죽이는 항생제 역할을 하여 면역시킨 것을 증명한다. 이와 더불어 김치, 채소 발효는 짐승뿐만 아니라 사람의 건강 돌보기에 좋은 식품임을 입증한다.

영농 농업 경영학적으로 수지 계산에서도 2010년부터 화폐적 수익이 발생하였다. 여기서 생산한 농산품은 상품화된 가치로 시장과 국제도로 판매소에서 현금 수입을 얻게 하였다. 4년 동안 시험 재배와 3년 동안 수입 현황의 다음 장의 〈그림 3〉 도표로 보면 그 경작하고 성장하여 자립하였고 가난을 극복한 것을 볼 수 있다.

〈그림 3〉 꼼소몰스꼬에교회 자립농장의 실험과 수익[5]

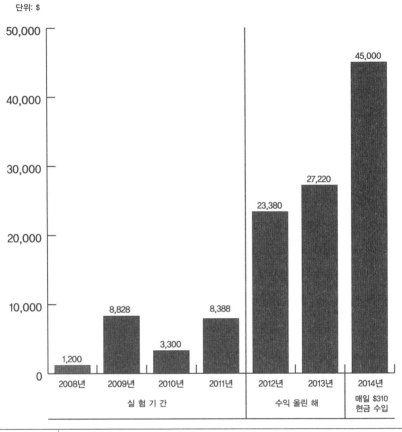

단위: $

	① 피클오이 ② 옥수수 ③ 무(봄, 가을) ④ 배추(봄, 가을) ⑤ 상추 ⑥ 고추 ⑦ 가
재배 농작물	지 ⑧ 파프리카 ⑨ 스페클라 ⑩ 캬베츠 ⑪ 토마토

이와 같이 선교지에서 하나님의 말씀대로 땅을 경작하여 하나님이

---

5   이성로, 위의 논문, p. 139.

주신 디자인에 맞게 먹을거리를 생산하였고 이로 인하여 경제가 성장하여 빈곤을 극복하게 하였으며 오랜 공산주의에 시달리던 사람들을 하나님의 은혜로 풍성하게 하였다. 또 교회와 성도들의 건강을 돌보고 그들의 삶에서 먹을거리를 풍성하게 하고 경제적 빈곤을 풍요로 바꾸시기 원하시는 하나님의 뜻이 이루어지게 하였다.

3. 설문 조사 대상

설문 조사 대상은 하나님의 말씀을 듣고 사는 오늘의 교회 안에 있는 사람들이다. 현재 교회에 속한 성도들은 믿음으로 살아가는 사람들이다. 대표적인 성경구절인 히브리서 11장 1절 "믿음은 바라는 것들의 실상이요 보이지 않는 것들의 증거니"에서 말씀하는 것처럼 바라고 구하면 꿈은 이루어진다. 꿈을 이루는 믿음으로 사는 사람들이 많다.

또한 로마서 10장 17절에 "그러므로 믿음은 들음(שְׁמוּעָה אקוֹל)에서 나며 들음은 그리스도의 말씀으로 말미암았느니라." 이 말씀은 신명기 15장 4-5절에,

> 네가 만일 네 하나님 여호와의 말씀만 듣고(שָׁמוֹעַ תִּשְׁמַע) 내가 오늘 네게 내리는 명령을 다 지켜(לִשְׁמֹר) 행하면(לַעֲשׂוֹת), 네 하나님 여호와께서 네게 기업으로 주신 땅에서 반드시 복을 받으리니 너희 중에 가난한 자가 없으리라.

이 근거는 신명기 5장 1절에 나오는 "그 법을 듣고 배우고(למדתם) 지켜 행하라."이고, 신명기 28장 1절도 같은 뜻이다. 이 말씀은 마태복음 7장 21절 이하에서 예수님이 직접 하신 말씀이요, 산상보훈의 마지막 교훈이다.

> 나더러 주여 주여 하는 자마다 다 천국에 들어갈 것이 아니요 다만 하늘에 계신 내 아버지의 뜻대로 행하는 자라야 들어가리라(마 7:21).

믿음으로 산다는 것은, 곧 하나님의 말씀을 듣고 그 명령을 지켜 행하는 삶으로 산다는 것이다. 그렇게 신앙생활을 하는 사람들이 믿음으로 사는 사람들이다. 즉 꿈이 이루어지기를 바라는 믿음과 하나님의 말씀을 듣고(שמעו ישמעון), 배우고(למדתם), 지켜(ושמרתם), 행하는(לעשות) 믿음이 있다.

이러한 신앙의 형태 속에서 하나님의 생명을 얻은 자로서 그 생명이 보전되고 유지하여 누리는 길이 하나님의 말씀과 어떤 관계를 가지는지, 또 성도들의 믿음이 하나님의 말씀을 얼마나 철저히 지키고 행하는 믿음인지 연구할 필요가 있다. 뿐만 아니라 오늘의 교회 성도의 식생활과 하나님이 말씀하여 주신 건강의 길은 어떤 관계성을 갖고 있는지 영등포노회 안에 10개 교회를 선정하여 상태조사 연구 방법을 따라 설문지로 조사 연구하였다.

4. 설문조사 분석

1) 연구대상

본 연구의 연구대상자의 일반적 특성은 〈표 9〉와 같다.

〈표 9〉 연구대상자의 일반적 특성

구분		빈도(명)	백분율(%)
성별	남	192	35.0
	여	356	65.0
연령	20대	42	7.7
	30대	101	18.4
	40대	103	18.8
	50대	158	28.8
	60대	105	19.2
	70대 이상	39	7.1
직분	목사	8	1.5
	전도사	12	2.2
	장로	12	2.2
	권사	90	16.4
	집사	272	49.6
	평신도	154	28.1
신앙 경력	모태 신앙	144	26.3
	1~5년 미만	30	5.5
	5~10년 미만	43	7.8
	10~20년 미만	82	15.0
	20~30년 미만	90	16.4
	30년 이상	159	29.0

신도수	30명 미만	5	0.9
	30~50명 미만	4	0.7
	50~70명 미만	19	3.5
	70~100명 미만	9	1.6
	100~300명 미만	29	5.3
	300명 이상	482	88.0
계		548	100.0

성별로는 여자 신도가 65.0%로 남자 신도 35.0%보다 높은 분포를 보였다. 연령별로는 50대가 28.8%로 가장 많았으며, 다음으로 60대 19.2%, 40대 18.8%, 30대 18.4%, 20대 7.7%, 70대 이상 7.1% 순으로 나타났다. 직분별로는 집사가 49.6%로 가장 높은 분포를 보였으며, 다음으로 평신도 28.1%, 권사 16.4%, 전도사와 장로 2.2%, 목사 1.5% 순이었다.

신앙 경력별로는 30년 이상이 29.0%로 가장 많았으며, 다음으로 모태 신앙 26.3%, 20~30년 미만 16.4%, 10~20년 미만 15.0%, 5~10년 미만 15.0%, 5~10년 미만 7.8%, 1~5년 미만 5.5% 순으로 차지하였다. 신도수별로는 300명 이상이 88.0%로 대부분을 차지하였으며, 다음으로 100~300명 미만 5.3%, 50~70명 미만 3.5%, 70~100명 미만 1.6%, 30명 미만 0.9%, 30~50명 미만 0.7% 순으로 나타났다.

2) 측정 도구

신뢰도 검증은 동일한 개념을 측정하기 위하여 여러 문항으로 이루어진 문항들의 일치성을 측정하고자 할 때 이용된다. 신뢰도 분석 절

차는 내적 일치도 방법에 의한 Cronbach α값을 이용하여 각 문항간의 일치성을 분석하였다. 이러한 방법을 이용하여 본 연구의 측정 도구의 신뢰도를 검증한 결과는 〈표 10〉과 같다.

〈표 10〉 측정 도구의 신뢰도

구 분	문항 수	Alpha
하나님의 말씀에 나타난 건강의 의미에 대한 인지도	7	0.76
하나님의 말씀에 나타난 건강의 의미 실천 정도	5	0.78

〈표 10〉에서 보는 바와 같이 Cronbach α가 하나님의 말씀에 나타난 건강의 의미에 대한 인지도 0.76, 하나님의 말씀에 나타난 건강의 의미 실천 정도 0.78로, 모두 0.70 이상으로 나타났다. 따라서 본 연구의 측정 도구는 신뢰할 만한 수준임을 알 수 있다.

3) 자료분석

본 연구의 수집된 자료는 SPSS(Statistical Package for the Social Science) WIN 18.0 프로그램을 이용하여 분석하였다. 분석기법으로는 연구대상자의 일반적 특성을 파악하기 위해 빈도와 백분율을 산출하였으며, 신도들의 하나님의 말씀에 나타난 건강의 의미에 대한 인지도와 하나님의 말씀에 나타난 건강의 의미 실천 정도를 알아보기 위해 t-test(검증)와 One-way ANOVA(일원변량분석) 그리고 χ^2(Chi-square) 검증을 실시하였다. 또한 하나님의 말씀에 나타난 건강의 의미에 대한 인지도와 하나님의 말씀에 나타난 건강의 의미 실천 정도와의 관계를 파악하기 위해 상관관계

분석(Correlation)을 실시하였다.

5. 연구 결과 및 해석

1) 건강에 대한 인식

a. 현재 건강 상태

현재 건강 상태에 대한 신도들의 인식을 살펴본 결과는 〈표 11〉과 같이 5점 만점 중 전체 평균이 3.68점으로, 신도들은 자신의 현재 건강 상태가 건강한 편이라고 인식하는 것으로 나타났다.

〈표 11〉 현재 건강 상태

구분		N	Mean	SD	t(F)	p
성별	남	192	3.83	0.80	3.31**	0.001
	여	356	3.60	0.76		
연령	30대 이하	143	3.83	0.72	4.31**	0.005
	40대	103	3.72	0.80		
	50대	158	3.67	0.72		
	60대 이상	144	3.51	0.87		
직분	평신도	154	3.75	0.78	1.04	0.354
	집사	272	3.64	0.78		
	권사 이상	122	3.67	0.79		

신앙 경력	모태 신앙	144	3.83	0.80	2.24	0.064
	1~10년 미만	73	3.53	0.84		
	10~20년 미만	82	3.71	0.79		
	20~30년 미만	90	3.61	0.65		
	30년 이상	159	3.64	0.80		
	전체	548	3.68	0.78		

** p<.01

성별로는 남자 신도가 여자 신도보다 자신의 현재 건강 상태가 건 강한 편이라고 인식하였으며, 성별에 따라 유의미한 차이를 보였다 (t=3.31, p<.01). 연령별로는 연령이 많은 신도일수록 자신의 현재 건강 상 태가 건강한 편이라고 인식하였으며, 연령에 따라 유의미한 차이를 보였다(F=4.31, p<.01).

직분별로는 평신도가 다른 신도보다 자신의 현재 건강 상태가 건강 한 편이라고 인식하였고, 집사는 다른 신도보다 자신의 현재 건강 상 태가 건강하지 못하다고 인식하였으나 유의미한 차이는 아니었다. 신 앙 경력별로는 모태 신앙인 신도가 다른 신도보다 자신의 현재 건강 상태가 건강한 편이라고 인식하였고, 1~10년 미만인 신도는 다른 신 도보다 자신의 현재 건강 상태가 건강하지 못하다고 인식하였으나 신 앙 경력에 따른 유의미한 차이는 없었다.

이상과 같이 신도들은 자신의 현재 건강 상태가 건강한 편이라고 인식하였으며, 남자 신도와 연령이 적은 신도일수록 다른 신도보다 자신의 현재 건강 상태가 건강한 편이라고 인식하였다.

b. 심신의 피로감

신도들이 평소 심신의 피로감을 어느 정도 느끼는지 살펴본 결과는 〈표 12〉와 같이 5점 만점 중 전체 평균이 3.23으로, 신도들은 평소 심신의 피로감을 가끔 느끼는 것으로 나타났다.

성별로는 여자 신도가 남자 신도보다 평소 심신의 피로감을 많이 느꼈으나 통계적으로는 유의미한 차이를 보이지 않았다. 연령별로는 30대 이하인 신도가 평소 심신의 피로감을 가장 많이 느꼈고, 40대인 신도는 다른 신도보다 평소 심신의 피로감을 적게 느꼈으나 유의미한 차이는 아니었다.

직분별로는 평신도가 평소 심신의 피로감을 가장 많이 느꼈고, 집사는 다른 신도보다 평소 심신의 피로감을 적게 느꼈으나 직분에 따른 유의미한 차이는 없었다. 신앙 경력별로는 1~10년 미만인 신도가 평소 심신의 피로감을 가장 많이 느꼈고, 10~20년 미만인 신도는 다른 신도보다 평소 심신의 피로감을 적게 느꼈으나 통계적으로는 유의미한 차이를 보이지 않았다.

〈표 12〉 심신의 피로감

구분		N	Mean	SD	t(F)	p
성별	남	192	3.15	0.78	-1.89	0.059
	여	356	3.28	0.76		
연령	30대 이하	143	3.34	0.68	1.43	0.234
	40대	103	3.17	0.73		
	50대	158	3.20	0.78		
	60대 이상	144	3.19	0.84		

직분	평신도	154	3.28	0.72	0.55	0.576
	집사	272	3.20	0.77		
	권사 이상	122	3.24	0.81		
신앙 경력	모태 신앙	144	3.21	0.75	0.56	0.694
	1~10년 미만	73	3.34	0.90		
	10~20년 미만	82	3.18	0.72		
	20~30년 미만	90	3.26	0.71		
	30년 이상	159	3.21	0.77		
전체		548	3.23	0.77		

이상과 같이 신도들은 평소 심신의 피로감을 가끔 느꼈으며, 성별과 연령, 직분 그리고 신앙 경력별로는 별다른 차이를 보이지 않았다.

c. 건강에 대한 관심도

건강에 대한 신도들의 관심도에 대해 살펴본 결과는 〈표 13〉과 같이 5점 만점 중 전체 평균이 3.46으로, 신도들은 건강에 대한 관심도가 그다지 높지 않은 것으로 나타났다.

성별로는 남자 신도가 여자 신도보다 건강에 대한 관심도가 높았으나 유의미한 차이는 아니었다. 연령별로는 50대인 신도가 건강에 대한 관심도가 가장 높았고, 40대인 신도는 다른 신도보다 건강에 대한 관심도가 낮았으나 연령에 따른 유의미한 차이는 없었다.

〈표 13〉 건강에 대한 관심도

구 분		N	Mean	SD	t(F)	p
성 별	남	192	3.49	0.81	0.58	0.563
	여	356	3.45	0.70		

연 령	30대 이하	143	3.42	0.72	0.66	0.579
	40대	103	3.41	0.75		
	50대	158	3.51	0.71		
	60대 이상	144	3.50	0.78		
직 분	평신도	154	3.47	0.69	0.02	0.977
	집사	272	3.47	0.74		
	권사 이상	122	3.45	0.79		
신앙 경력	모태 신앙	144	3.54	0.77	1.24	0.293
	1~10년 미만	73	3.48	0.87		
	10~20년 미만	82	3.54	0.77		
	20~30년 미만	90	3.39	0.61		
	30년 이상	159	3.39	0.69		
전체		548	3.46	0.74		

직분별로는 평신도와 집사가 권사 이상보다 건강에 대한 관심도가 높았으나 통계적으로는 유의미한 차이를 보이지 않았다. 신앙 경력별로는 모태 신앙과 10~20년 미만인 신도가 다른 신도보다 건강에 대한 관심도가 높았고, 20년 이상인 신도는 다른 신도보다 건강에 대한 관심도가 낮았으나 유의미한 차이는 아니었다.

이상과 같이 신도들은 건강에 대한 관심도가 그다지 높지 않았으며, 성별과 연령, 직분 그리고 신앙 경력별로는 별다른 차이를 보이지 않았다.

d. 건강에 대한 인지도

건강에 대한 신도들의 인지도에 대해 살펴본 결과는 〈표 14〉와 같이 5점 만점 중 전체 평균이 3.14로, 신도들은 건강에 대해 그다지 잘 알고 있지 않은 것으로 나타났다.

<표 14> 건강에 대한 인지도

구 분		N	Mean	SD	t(F)	p
성별	남	192	3.16	0.68	0.43	0.667
	여	356	3.13	0.60		
연령	30대 이하	143	3.06	0.67	2.07	0.103
	40대	103	3.14	0.56		
	50대	158	3.12	0.59		
	60대 이상	144	3.24	0.66		
직분	평신도	154	3.03	0.64	3.63*	0.027
	집사	272	3.19	0.60		
	권사 이상	122	3.17	0.66		
신앙 경력	모태 신앙	144	3.20	0.71	1.89	0.110
	1~10년 미만	73	3.05	0.64		
	10~20년 미만	82	3.16	0.60		
	20~30년 미만	90	3.01	0.61		
	30년 이상	159	3.19	0.56		
전체		548	3.14	0.63		

* $p < .05$

성별로는 남자 신도가 여자 신도보다 건강에 대해 잘 알고 있었으나 성별에 따른 유의미한 차이는 없었다. 연령별로는 60대 이상인 신도가 다른 신도보다 건강에 대해 잘 알고 있었고, 30대 이하인 신도는 다른 신도보다 건강에 대해 잘 알고 있지 않았으나 통계적으로는 유의미한 차이를 보이지 않았다.

직분별로는 집사가 다른 신도보다 건강에 대해 잘 알고 있었고, 평신도는 다른 신도보다 건강에 대해 잘 알고 있지 않았으며, 직분에 따라 유의미한 차이를 보였다(F=3.63, p<.05). 신앙 경력별로는 모태 신앙인 신도가 다른 신도보다 건강에 대해 잘 알고 있었고, 20~30년 미만인 신도는 다른 신도보다 건강에 대해 잘 알고 있지 않았으나 통계적으로는 유의미한 차이를 보이지 않았다.

이상과 같이 신도들은 건강에 대해 그다지 잘 알고 있지 않았으며, 집사가 다른 신도보다 건강에 대해 잘 알고 있었다.

e. 건강관리 방법

신도들이 평소에 건강관리를 어떤 방법으로 가장 많이 하고 있는지 살펴본 결과는 〈표 15〉와 같이 평소에 건강관리를 충분한 휴식 및 수면을 통해 하고 있는 신도가 42.5%로 가장 많았으며, 다음으로 운동을 한다 23.7%, 정기적으로 건강검진을 받는다 12.8%, 건강식품을 섭취한다 8.4%, 의약품을 복용한다 6.8%, 기타 5.8% 순으로 나타났다.

성별로는 남자 신도가 여자 신도보다 평소에 건강관리를 운동을 통해 많이 하였고, 여자 신도는 남자 신도보다 충분한 휴식 및 수면을 통해 많이 하고 있었으나 통계적으로는 유의미한 차이를 보이지 않았다. 연령별로는 60대 이상인 신도가 다른 신도보다 평소에 건강관리를 운동을 통해 많이 하였고, 연령이 낮은 신도일수록 충분한 휴식 및 수면을 통해 많이 하고 있었으며, 연령에 따라 유의미한 차이를 보였다(χ2=67.88, p<.001).

직분별로는 평신도가 다른 신도보다 평소에 건강관리를 운동과 충분한 휴식 및 수면을 통해 많이 하고 있었고, 권사 이상은 다른 신도보다 정기적 건강검진을 통해 많이 하고 있었으며, 직분에 따라 유의미한 차이를 보였다$_{(\chi2=22.17,\ p<.05)}$. 신앙 경력별로는 모태 신앙인 신도가 다른 신도보다 평소에 건강관리를 충분한 휴식 및 수면을 통해 많이 하고 있었고, 10~20년 미만인 신도는 다른 신도보다 운동을 통해 많이 하였으나 유의미한 차이는 아니었다.

〈표 15〉 건강관리 방법

구 분		운동을 한다	충분한 휴식 및 수면을 취한다	건강식 품을 섭 취한다	의약품 을 복용 한다	정기적 으로 건 강검진 을 받는 다	기타	계	$x2$ (df)	p
성별	남	59 (30.7)	78 (40.6)	16 (8.3)	12 (6.3)	19 (9.9)	8 (4.2)	192 (35.0)	9.81 (5)	0.081
	여	71 (19.9)	155 (43.5)	30 (8.4)	25 (7.0)	51 (14.3)	24 (6.7)	356 (65.0)		
연령	30대 이하	35 (24.5)	81 (56.6)	3 (2.1)	3 (2.1)	9 (6.3)	12 (8.4)	143 (26.1)	67.88*** (15)	0.000
	40대	14 (13.6)	56 (54.4)	12 (11.7)	10 (9.7)	9 (8.7)	2 (1.9)	103 (18.8)		
	50대	41 (25.9)	54 (34.2)	19 (12.0)	9 (5.7)	21 (13.3)	14 (8.9)	158 (28.8)		
	60대 이상	40 (27.8)	42 (29.2)	12 (8.3)	15 (10.4)	31 (21.5)	4 (2.8)	144 (26.3)		
직분	평신 도	40 (26.0)	75 (48.7)	8 (5.2)	6 (3.9)	14 (9.1)	11 (7.1)	154 (28.1)	22.17* (10)	0.014
	집사	66 (24.3)	116 (42.6)	27 (9.9)	22 (8.1)	30 (11.0)	11 (4.0)	272 (49.6)		
	권사 이상	24 (19.7)	42 (34.4)	11 (9.0)	9 (7.4)	26 (21.3)	10 (8.2)	122 (22.3)		

신앙경력									
모태신앙	34 (23.6)	75 (52.1)	7 (4.9)	7 (4.9)	11 (7.6)	10 (6.9)	144 (26.3)		
1~10년미만	20 (27.4)	29 (39.7)	9 (12.3)	5 (6.8)	5 (6.8)	5 (6.8)	73 (13.3)		
10~20년미만	23 (28.0)	34 (41.5)	7 (8.5)	5 (6.1)	7 (8.5)	6 (7.3)	82 (15.0)	31.15 (20)	0.053
20~30년미만	17 (18.9)	38 (42.2)	11 (12.2)	8 (8.9)	13 (14.4)	3 (3.3)	90 (16.4)		
30년이상	36 (22.6)	57 (35.8)	12 (7.5)	12 (7.5)	34 (21.4)	8 (5.0)	159 (29.0)		
계	130 (23.7)	233 (42.5)	46 (8.4)	37 (6.8)	70 (12.8)	32 (5.8)	548 (100.0)		

* p<.05, *** p<.001

이상과 같이 신도들은 평소에 건강관리를 충분한 휴식 및 수면을 통해 가장 많이 하고 있었으며, 연령이 적은 신도일수록 그리고 평신도가 다른 신도보다 평소에 건강관리를 충분한 휴식 및 수면을 통해 많이 하고 있었다.

2) 하나님의 말씀에 나타난 건강의 의미에 대한 인지도

a. 현대 사회에서 하나님과의 단절로 인한 인간의 고통

현대 사회에서 하나님과의 단절로 인한 인간의 고통에 대해 신도들의 인식을 살펴본 결과는 〈표 16〉과 같이 5점 만점 중 전체 평균이 3.90으로, 신도들은 현대 사회를 살아가는 우리는 하나님과의 단절로 물질적, 사회적, 영적, 정신적, 육체적으로 병들어 신음하면서 고통에 떨고 있다고 인식하는 것으로 나타났다.

〈표 16〉 현대 사회에서 하나님과의 단절로 인한 인간의 고통

구분		N	Mean	SD	t(F)	p
성별	남	192	3.85	0.90	-0.86	0.390
	여	356	3.92	0.91		
연령	30대 이하	143	3.86	0.95	3.31*	0.020
	40대	103	4.11	0.75		
	50대	158	3.94	0.91		
	60대 이상	144	3.75	0.95		
직분	평신도	154	3.81	0.92	2.34	0.098
	집사	272	3.89	0.89		
	권사 이상	122	4.04	0.92		
신앙 경력	모태 신앙	144	3.95	0.87	0.85	0.496
	1~10년 미만	73	3.77	1.05		
	10~20년 미만	82	3.82	0.93		
	20~30년 미만	90	3.98	0.83		
	30년 이상	159	3.91	0.90		
전체		548	3.90	0.91		

* $p < .05$

성별로는 여자 신도가 남자 신도보다 현대 사회를 살아가는 우리는 하나님과의 단절로 물질적, 사회적, 영적, 정신적, 육체적으로 병들어 신음하면서 고통에 떨고 있다고 인식하였으나 성별에 따른 유의미한 차이는 없었다. 연령별로는 40대인 신도가 다른 신도보다 '현대 사회를 살아가는 우리는 하나님과의 단절로 물질적, 사회적, 영적, 정

신적, 육체적으로 병들어 신음하면서 고통'에 떨고 있다고 인식하였고, 60대 이상인 신도는 다른 신도보다 현대 사회를 살아가는 우리는 하나님과의 단절로 물질적, 사회적, 영적, 정신적, 육체적으로 병들어 신음하면서 고통에 떨고 있지 않다고 인식하였으며, 연령에 따라 유의미한 차이를 보였다(F=3.31, p<.05).

직분별로는 40대인 신도가 다른 신도보다 '현대 사회를 살아가는 우리는 하나님과의 단절로 물질적, 사회적, 영적, 정신적, 육체적으로 병들어 신음하면서 고통'에 떨고 있다고 인식하였고, 권사 이상은 다른 신도보다 '현대 사회를 살아가는 우리는 하나님과의 단절로 물질적, 사회적, 영적, 정신적, 육체적으로 병들어 신음하면서 고통'에 떨고 있지 않다고 인식하였으나 통계적으로는 유의미한 차이를 보이지 않았다. 신앙 경력별로는 20~30년 미만인 신도가 다른 신도보다 '현대 사회를 살아가는 우리는 하나님과의 단절로 물질적, 사회적, 영적, 정신적, 육체적으로 병들어 신음하면서 고통'에 떨고 있다고 인식하였고, 1~10년 미만인 신도는 다른 신도보다 '현대 사회를 살아가는 우리는 하나님과의 단절로 물질적, 사회적, 영적, 정신적, 육체적으로 병들어 신음하면서 고통'에 떨고 있지 않다고 인식하였으나 유의미한 차이는 아니었다.

이상과 같이 신도들은 현대 사회를 살아가는 우리는 하나님과의 단절로 물질적, 사회적, 영적, 정신적, 육체적으로 병들어 신음하면서 고통에 떨고 있다고 인식하였으며, 연령이 40대인 신도가 다른 신도보다 현대 사회를 살아가는 우리는 하나님과의 단절로 물질적, 사회적, 영적, 정신적, 육체적으로 병들어 신음하면서 고통에 떨고 있다고 인식하였다.

b. 하나님의 법을 어겨 일어난 모든 관계의 단절로서 질병의 의미

하나님의 법을 어겨 일어난 모든 관계의 단절로서 질병의 의미에 대해 신도들의 인식을 살펴본 결과는 〈표 17〉과 같이 5점 만점 중 전체 평균이 3.27로, 신도들은 질병이 하나님의 법을 어겨 하나님의 지배를 벗어난 전인적인 인간과 그를 둘러싼 모든 관계의 단절을 그다지 의미하지 않는다고 인식하는 것으로 나타났다.

〈표 17〉 하나님의 법을 어겨 일어난 모든 관계의 단절로서 질병의 의미

구 분		N	Mean	SD	t(F)	p
성별	남	192	3.38	1.04	1.69	0.092
	여	356	3.22	1.11		
연령	30대 이하	143	2.80	1.13	13.40***	0.000
	40대	103	3.50	0.99		
	50대	158	3.43	1.07		
	60대 이상	144	3.41	0.99		
직분	평신도	154	2.89	1.15	14.01***	0.000
	집사	272	3.43	1.01		
	권사 이상	122	3.41	1.07		
신앙 경력	모태 신앙	144	3.08	1.17	1.81	0.126
	1~10년 미만	73	3.30	1.10		
	10~20년 미만	82	3.28	1.03		
	20~30년 미만	90	3.34	1.01		
	30년 이상	159	3.40	1.06		
전체		548	3.27	1.09		

*** $p < .001$

성별로는 남자 신도가 여자 신도보다 질병이 하나님의 법을 어겨 하나님의 지배를 벗어난 전인적인 인간과 그를 둘러싼 모든 관계의 단절을 의미한다고 인식하였으나 유의미한 차이는 아니었다. 연령별로는 40대인 신도가 다른 신도보다 질병이 하나님의 법을 어겨 하나님의 지배를 벗어난 전인적인 인간과 그를 둘러싼 모든 관계의 단절을 의미한다고 인식하였고, 30대 이하인 신도는 다른 신도보다 질병이 하나님의 법을 어겨 하나님의 지배를 벗어난 전인적인 인간과 그를 둘러싼 모든 관계의 단절을 의미하지 않는다고 인식하였으며, 연령에 따라 유의미한 차이를 보였다(F=13.40, p<.001).

직분별로는 집사가 다른 신도보다 질병이 하나님의 법을 어겨 하나님의 지배를 벗어난 전인적인 인간과 그를 둘러싼 모든 관계의 단절을 의미한다고 인식하였고, 평신도는 다른 신도보다 질병이 하나님의 법을 어겨 하나님의 지배를 벗어난 전인적인 인간과 그를 둘러싼 모든 관계의 단절을 의미하지 않는다고 인식하였으며, 직분에 따라 유의미한 차이를 보였다(=14.01, p<.001). 신앙 경력별로는 30년 이상인 신도가 다른 신도보다 질병이 하나님의 법을 어겨 하나님의 지배를 벗어난 전인적인 인간과 그를 둘러싼 모든 관계의 단절을 의미한다고 인식하였고, 모태 신앙인 신도는 다른 신도보다 질병이 하나님의 법을 어겨 하나님의 지배를 벗어난 전인적인 인간과 그를 둘러싼 모든 관계의 단절을 의미하지 않는다고 인식하였으나 신앙 경력에 따른 유의미한 차이는 없었다.

이상과 같이 신도들은 질병이 하나님의 법을 어겨 하나님의 지배를 벗어난 전인적인 인간과 그를 둘러싼 모든 관계의 단절을 그다지 의미지하지 않는다고 인식하였으며, 40대인 신도와 집사가 다른 신도보다 질병이 하나님의 법을 어겨 하나님의 지배를 벗어난 전인적인 인간과 그를 둘러싼 모든 관계의 단절을 의미한다고 인식하였다.

c. 신체적인 건강, 안녕, 안전으로서 구원의 의미

신체적인 건강, 안녕, 안전으로서 구원의 의미에 대해 신도들의 인식을 살펴본 결과는 〈표 18〉과 같이 5점 만점 중 전체 평균이 3.00으로, 신도들은 구원이 신체적인 건강, 안녕, 안전을 그다지 의미하지 않는다고 인식하는 것으로 나타났다.

〈표 18〉 신체적인 건강, 안녕, 안전으로서 구원의 의미

구 분		N	Mean	SD	t(F)	p
성별	남	192	3.14	1.21	1.84	0.066
	여	356	2.93	1.27		
연령	30대 이하	143	2.78	1.19	2.98*	0.031
	40대	103	3.01	1.29		
	50대	158	3.01	1.27		
	60대 이상	144	3.22	1.24		
직분	평신도	154	2.88	1.15	0.98	0.376
	집사	272	3.04	1.25		
	권사 이상	122	3.07	1.37		
신앙 경력	모태 신앙	144	2.89	1.27	2.29	0.059
	1~10년 미만	73	3.37	1.17		
	10~20년 미만	82	2.94	1.25		
	20~30년 미만	90	3.10	1.10		
	30년 이상	159	2.91	1.32		
전체		548	3.00	1.25		

* $p < .05$

성별로는 남자 신도가 여자 신도보다 구원이 신체적인 건강, 안녕, 안전을 의미한다고 인식하였으나 성별에 따른 유의미한 차이는 없었다. 연령별로는 60대 이상인 신도가 다른 신도보다 구원이 신체적인 건강, 안녕, 안전을 의미한다고 인식하였고, 30대 이하인 신도는 다른 신도보다 구원이 신체적인 건강, 안녕, 안전을 의미하지 않는다고 인식하였으며, 연령에 따라 유의미한 차이를 보였다(F=2.98, p<.05).

직분별로는 권사 이상이 다른 신도보다 구원이 신체적인 건강, 안녕, 안전을 의미한다고 인식하였고, 평신도는 다른 신도보다 구원이 신체적인 건강, 안녕, 안전을 의미하지 않는다고 인식하였으나 통계적으로는 유의미한 차이를 보이지 않았다. 신앙 경력별로는 1∼10년 미만인 신도가 다른 신도보다 구원이 신체적인 건강, 안녕, 안전을 의미한다고 인식하였고, 모태 신앙인 신도는 다른 신도보다 구원이 신체적인 건강, 안녕, 안전을 의미하지 않는다고 인식하였으나 유의미한 차이는 아니었다.

이상과 같이 신도들은 구원이 신체적인 건강, 안녕, 안전을 그다지 의미하지 않는다고 인식하였으며, 60대 이상인 신도가 다른 신도보다 구원이 신체적인 건강, 안녕, 안전을 의미한다고 인식하는 것으로 나타났다.

d. 성경대로 살아가는 건강법의 암 치료 효과

성경대로 살아가는 건강법의 암 치료 효과에 대해 신도들의 인식을 살펴본 결과는 〈표 19〉와 같이 5점 만점 중 전체 평균이 3.54로, 신도들은 성경대로 살아가는 건강법으로 암을 이길 수 있다고 인식하는 것으로 나타났다.

성별로는 여자 신도가 남자 신도보다 성경대로 살아가는 건강법으로 암을 이길 수 있다고 인식하였으나 통계적으로는 유의미한 차이를 보이지 않았다. 연령별로는 40대인 신도가 다른 신도보다 성경대로 살아가는 건강법으로 암을 이길 수 있다고 인식하였고, 30대 이하인 신도는 다른 신도보다 성경대로 살아가는 건강법으로 암을 이길 수 있지 않다고 인식하였으며, 연령에 따라 유의미한 차이를 보였다 (F=16.80, p<.001).

　　직분별로는 권사 이상인 신도가 다른 신도보다 성경대로 살아가는 건강법으로 암을 이길 수 있다고 인식하였고, 평신도는 다른 신도보다 성경대로 살아가는 건강법으로 암을 이길 수 있지 않다고 인식하였으며, 직분에 따라 유의미한 차이를 보였다(F=20.66, p<.001). 신앙 경력별로는 30년 이상인 신도가 다른 신도보다 성경대로 살아가는 건강법으로 암을 이길 수 있다고 인식하였고, 1~10년 미만인 신도는 다른 신도보다 성경대로 살아가는 건강법으로 암을 이길 수 있지 않다고 인식하였으며, 신앙 경력에 따라 유의미한 차이를 보였다(F=5.81, p<.001).

〈표 19〉 성경대로 살아가는 건강법의 암 치료 효과

구분		N	Mean	SD	t(F)	p
성별	남	192	3.47	1.03	-1.12	0.263
	여	356	3.58	1.05		
연령	30대 이하	143	3.03	1.12	16.80***	0.000
	40대	103	3.80	0.96		
	50대	158	3.70	0.95		
	60대 이상	144	3.69	0.96		

직분	평신도	154	3.11	1.09		
	집사	272	3.66	0.95	20.66***	0.000
	권사 이상	122	3.82	1.02		
신앙 경력	모태 신앙	144	3.29	1.16		
	1~10년 미만	73	3.44	1.13		
	10~20년 미만	82	3.45	1.12	5.81***	0.000
	20~30년 미만	90	3.59	0.87		
	30년 이상	159	3.84	0.86		
전체		548	3.54	1.04		

*** p<.001

이상과 같이 신도들은 성경대로 살아가는 건강법으로 암을 이길 수 있다고 인식하였으며, 40대인 신도와 권사 이상 그리고 신앙 경력이 30년 이상인 신도가 다른 신도보다 성경대로 살아가는 건강법으로 암을 이길 수 있다고 인식하였다.

e. 신체적 건강과 영적 건강과의 관계

신체적 건강과 영적 건강과의 관계에 대해 신도들의 인식을 살펴본 결과는 〈표 20〉과 같이 5점 만점 중 전체 평균이 4.19로, 신도들은 신체적으로 건강해지기 위해서는 먼저 영적으로 건강해야 한다고 인식하는 것으로 나타났다.

〈표 20〉 신체적 건강과 영적 건강과의 관계

구분		N	Mean	SD	t(F)	p
성별	남	192	4.16	0.85	-0.69	0.491
	여	356	4.21	0.83		
연령	30대 이하	143	3.90	0.99	9.34***	0.000
	40대	103	4.34	0.71		
	50대	158	4.35	0.81		
	60대 이상	144	4.20	0.71		
직분	평신도	154	3.86	1.02	18.50***	0.000
	집사	272	4.28	0.76		
	권사 이상	122	4.41	0.60		
신앙 경력	모태 신앙	144	3.91	1.02	6.95***	0.000
	1~10년 미만	73	4.29	0.86		
	10~20년 미만	82	4.16	0.75		
	20~30년 미만	90	4.23	0.75		
	30년 이상	159	4.39	0.66		
전체		548	4.19	0.84		

*** p<.001

성별로는 여자 신도가 남자 신도보다 신체적으로 건강해지기 위해서는 먼저 영적으로 건강해야 한다고 인식하였으나 유의미한 차이는 아니었다. 연령별로는 50대인 신도가 다른 신도보다 신체적으로 건강해지기 위해서는 먼저 영적으로 건강해야 한다고 인식하였고, 30대 이하인 신도는 다른 신도보다 그렇지 않다고 인식하였으며, 연령에 따라 유의미한 차이를 보였다(F=9.34, p<.001).

직분별로는 권사 이상인 신도가 다른 신도보다 신체적으로 건강해지기 위해서는 먼저 영적으로 건강해야 한다고 인식하였고, 평신도는 다른 신도보다 그렇지 않다고 인식하였으며, 직분에 따라 유의미한 차이를 보였다(F=18.50, p<.001). 신앙 경력별로는 30년 이상인 신도가 다른 신도보다 신체적으로 건강해지기 위해서는 먼저 영적으로 건강해야 한다고 인식하였고, 모태 신앙인 신도는 다른 신도보다 그렇지 않다고 인식하였으며, 신앙 경력에 따라 유의미한 차이를 보였다(F=6.95, p<.001).

이상과 같이 신도들은 신체적으로 건강해지기 위해서는 먼저 영적으로 건강해야 한다고 인식하였으며, 50대인 신도와 권사 이상 그리고 신앙 경력이 30년 이상인 신도가 다른 신도보다 신체적으로 건강해지기 위해서는 먼저 영적으로 건강해야 한다고 인식하였다.

f. 건강한 삶 영위가 하나님의 영화와 인간관계 온전에 미치는 영향

건강한 삶 영위가 하나님의 영화와 인간관계 온전에 미치는 영향에 대해 신도들의 인식을 살펴본 결과는 〈표 21〉와 같이 5점 만점 중 전체 평균이 4.20으로, 신도들은 건강한 삶 영위가 하나님을 영화롭게 할 뿐 아니라 인간관계를 온전하게 한다고 인식하는 것으로 나타났다.

성별로는 여자 신도가 남자 신도보다 건강한 삶 영위가 하나님을 영화롭게 할 뿐 아니라 인간관계를 온전하게 한다고 인식하였으나 성별에 따른 유의미한 차이는 없었다. 연령별로는 50대인 신도가 다른 신도보다 건강한 삶 영위가 하나님을 영화롭게 할 뿐 아니라 인간관계를 온전하게 한다고 인식하였고, 30대 이하인 신도는 다른 신도보다 건강한 삶 영위가 하나님을 영화롭게 하지 않을 뿐 아니라 인간관계를 온전하게 하지 않다고 인식하였으며, 연령에 따라 유의미한 차이를 보였다(F=8.83, p<.001).

〈표 21〉 건강한 삶 영위가 하나님의 영화와 인간관계 온전에 미치는 영향

구분		N	Mean	SD	t(F)	p
성별	남	192	4.18	0.78	-0.47	0.640
	여	356	4.22	0.83		
연령	30대 이하	143	3.95	0.88	8.83***	0.000
	40대	103	4.33	0.80		
	50대	158	4.39	0.69		
	60대 이상	144	4.16	0.81		
직분	평신도	154	3.97	0.89	14.08***	0.000
	집사	272	4.22	0.78		
	권사 이상	122	4.48	0.67		
신앙 경력	모태 신앙	144	4.06	0.88	2.35	0.053
	1~10년 미만	73	4.25	0.88		
	10~20년 미만	82	4.22	0.82		
	20~30년 미만	90	4.17	0.77		
	30년 이상	159	4.33	0.72		
전체		548	4.20	0.81		

*** p<.001

직분별로는 권사 이상인 신도가 다른 신도보다 건강한 삶 영위가 하나님을 영화롭게 할 뿐 아니라 인간관계를 온전하게 한다고 인식하였고, 평신도는 다른 신도보다 건강한 삶 영위가 하나님을 영화롭게 하지 않을 뿐 아니라 인간관계를 온전하게 하지 않다고 인식하였으

며, 직분에 따라 유의미한 차이를 보였다(F=14.08, p<.001). 신앙 경력별로는 30년 이상인 신도가 다른 신도보다 건강한 삶 영위가 하나님을 영화롭게 할 뿐 아니라 인간관계를 온전하게 한다고 인식하였고, 모태 신앙인 신도는 다른 신도보다 건강한 삶 영위가 하나님을 영화롭게 하지 않을 뿐 아니라 인간관계를 온전하게 하지 않다고 인식하였으나 통계적으로는 유의미한 차이를 보이지 않았다.

이상과 같이 신도들은 건강한 삶 영위가 하나님을 영화롭게 할 뿐 아니라 인간관계를 온전하게 한다고 인식하였으며, 50대인 신도와 권사 이상이 다른 신도보다 건강한 삶 영위가 하나님을 영화롭게 할 뿐 아니라 인간관계를 온전하게 한다고 인식하였다.

g. 하나님의 말씀에 나타난 건강의 의미에 대한 인지

신도들이 하나님의 말씀에 나타난 건강의 의미에 대해 어느 정도 알고 있는지 살펴본 결과는 <표 22>과 같이 5점 만점 중 전체 평균이 3.10으로, 신도들은 하나님의 말씀에 나타난 건강의 의미에 대해 그다지 잘 알고 있지 않은 것으로 나타났다.

<표 22> 하나님의 말씀에 나타난 건강의 의미에 대한 인지

구 분		N	Mean	SD	t(F)	p
성 별	남	192	3.19	0.75	2.17*	0.031
	여	356	3.05	0.65		
연 령	30대 이하	143	2.88	0.67	8.30***	0.000
	40대	103	3.16	0.72		
	50대	158	3.11	0.67		
	60대 이상	144	3.27	0.66		

직 분	평신도	154	2.88	0.68	15.19***	0.000
	집사	272	3.13	0.66		
	권사 이상	122	3.33	0.70		
신앙 경력	모태 신앙	144	3.06	0.73	6.09***	0.000
	1~10년 미만	73	2.88	0.69		
	10~20년 미만	82	2.96	0.68		
	20~30년 미만	90	3.17	0.69		
	30년 이상	159	3.28	0.62		
전체		548	3.10	0.69		

* p<.05, *** p<.001

성별로는 남자 신도가 여자 신도보다 하나님의 말씀에 나타난 건강의 의미에 대해 잘 알고 있었으며, 성별에 따라 유의미한 차이를 보였다(t=2.17, p<.05). 연령별로는 60대 이상인 신도가 다른 신도보다 하나님의 말씀에 나타난 건강의 의미에 대해 잘 알고 있었고, 30대 이하인 신도는 다른 신도보다 하나님의 말씀에 나타난 건강의 의미에 대해 잘 알고 있지 않았으며, 연령에 따라 유의미한 차이를 보였다(F=8.30, p<.001).

직분별로는 권사 이상인 신도가 다른 신도보다 하나님의 말씀에 나타난 건강의 의미에 대해 잘 알고 있었고, 평신도는 다른 신도보다 하나님의 말씀에 나타난 건강의 의미에 대해 잘 알고 있지 않았으며, 직분에 따라 유의미한 차이를 보였다(F=15.19, p<.001). 신앙 경력별로는 30년 이상인 신도가 다른 신도보다 하나님의 말씀에 나타난 건강의 의미에 대해 잘 알고 있었고, 1~10년 미만인 신도는 다른 신도보다 하나님의 말씀에 나타난 건강의 의미에 대해 잘 알고 있지 않았으며, 신앙 경력에 따라 유의미한 차이를 보였다(F=6.09, p<.001).

이상과 같이 신도들은 하나님의 말씀에 나타난 건강의 의미에 대해 그다지 잘 알고 있지 않았으며, 남자 신도와 60대 이상인 신도, 권사 이상 그리고 신앙 경력이 30년 이상인 신도가 다른 신도보다 하나님의 말씀에 나타난 건강의 의미에 대해 잘 알고 있었다.

h. 하나님의 말씀에 나타난 건강의 의미에 대한 인지도

하나님의 말씀에 나타난 건강의 의미에 대한 신도들의 인지도에 대해 살펴본 결과는 〈표 23〉와 같이 5점 만점 중 전체 평균이 3.60으로, 신도들은 하나님의 말씀에 나타난 건강의 의미에 대한 인지도가 높은 것으로 나타났다.

성별로는 남자 신도가 여자 신도보다 하나님의 말씀에 나타난 건강의 의미에 대한 인지도가 높았으나 통계적으로는 유의미한 차이를 보이지 않았다. 연령별로는 40대인 신도가 다른 신도보다 하나님의 말씀에 나타난 건강의 의미에 대한 인지도가 높았고, 30대 이하인 신도는 다른 신도보다 하나님의 말씀에 나타난 건강의 의미에 대한 인지도가 낮았으며, 연령에 따라 유의미한 차이를 보였다(F=15.59, p<.001).

〈표 23〉 하나님의 말씀에 나타난 건강의 의미에 대한 인지

구분		N	Mean	SD	t(F)	p
성별	남	192	3.63	0.61	0.64	0.520
	여	356	3.59	0.62		
연령	30대 이하	143	3.31	0.66	15.59***	0.000
	40대	103	3.75	0.57		
	50대	158	3.70	0.59		
	60대 이상	144	3.67	0.55		

직분	평신도	154	3.34	0.66	22.37***	0.000
	집사	272	3.66	0.57		
	권사 이상	122	3.79	0.57		
신앙 경력	모태 신앙	144	3.46	0.72	3.82**	0.004
	1~10년 미만	73	3.61	0.62		
	10~20년 미만	82	3.55	0.55		
	20~30년 미만	90	3.65	0.59		
	30년 이상	159	3.72	0.53		
전체		548	3.60	0.62		

** $p < .01$, *** $p < .001$3.75

직분별로는 권사 이상인 신도가 다른 신도보다 하나님의 말씀에 나타난 건강의 의미에 대한 인지도가 높았고, 평신도는 다른 신도보다 하나님의 말씀에 나타난 건강의 의미에 대한 인지도가 낮았으며, 직분에 따라 유의미한 차이를 보였다($F=22.37, p<.001$). 신앙 경력별로는 30년 이상인 신도가 다른 신도보다 하나님의 말씀에 나타난 건강의 의미에 대한 인지도가 높았고, 모태 신앙인 신도는 다른 신도보다 하나님의 말씀에 나타난 건강의 의미에 대한 인지도가 낮았으며, 신앙 경력에 따라 유의미한 차이를 보였다($F=3.82, p<.01$).

이상과 같이 신도들은 하나님의 말씀에 나타난 건강의 의미에 대한 인지도가 높았으며, 40대인 신도와 권사 이상 그리고 신앙 경력이 30년 이상인 신도가 다른 신도보다 하나님의 말씀에 나타난 건강의 의미에 대한 인지도가 높았다.

3) 하나님의 말씀에 나타난 건강의 의미 실천도

a. 건강이 좋지 않을 때 평소대비 기도 정도

신도들이 건강이 좋지 않을 때 평소보다 기도를 더 많이 하는지 살펴본 결과는 〈표 24〉와 같이 5점 만점 중 전체 평균이 3.56으로, 신도들은 건강이 좋지 않을 때 평소보다 기도를 더 많이 하는 것으로 나타났다.

성별로는 여자 신도가 남자 신도보다 건강이 좋지 않을 때 평소보다 기도를 더 많이 하였으며, 성별에 따라 유의미한 차이를 보였다$(t=-2.02, p<.05)$. 연령별로는 60대 이상인 신도가 다른 신도보다 건강이 좋지 않을 때 평소보다 기도를 더 많이 하였고, 30대 이하인 신도는 다른 신도보다 건강이 좋지 않을 때 평소보다 기도를 더 많이 하지 않았으며, 연령에 따라 유의미한 차이를 보였다$(F=4.83, p<.01)$.

직분별로는 권사 이상인 신도가 다른 신도보다 건강이 좋지 않을 때 평소보다 기도를 더 많이 하였고, 30대 이하인 신도는 다른 신도보다 건강이 좋지 않을 때 평소보다 기도를 더 많이 하지 않았으며, 직분에 따라 유의미한 차이를 보였다$(F=4.83, p<.01)$. 신앙 경력별로는 30년 이상인 신도가 다른 신도보다 건강이 좋지 않을 때 평소보다 기도를 더 많이 하였고, 1~10년 미만인 신도는 다른 신도보다 건강이 좋지 않을 때 평소보다 기도를 더 많이 하지 않았으며, 신앙 경력에 따라 유의미한 차이를 보였다$(F=6.90, p<.001)$.

<표 24> 건강이 좋지 않을 때 평소대비 기도 정도

구분		N	Mean	SD	t(F)	p
성별	남	192	3.46	0.84	-2.02*	0.043
	여	356	3.62	0.84		
연령	30대 이하	143	3.40	0.83	4.83**	0.002
	40대	103	3.57	0.87		
	50대	158	3.52	0.87		
	60대 이상	144	3.76	0.76		
직분	평신도	154	3.39	0.84	6.89**	0.001
	집사	272	3.57	0.86		
	권사 이상	122	3.76	0.75		
신앙 경력	모태 신앙	144	3.44	0.85	6.90***	0.000
	1~10년 미만	73	3.36	0.92		
	10~20년 미만	82	3.41	0.83		
	20~30년 미만	90	3.59	0.75		
	30년 이상	159	3.83	0.78		
전체		548	3.56	0.84		

* $p < .05$, ** $p < .01$, *** $p < .001$

이상과 같이 신도들은 건강이 좋지 않을 때 평소보다 기도를 더 많이 하였으며, 여자 신도와 60대 이상인 신도, 권사 이상 그리고 신앙 경력이 30년 이상인 신도가 다른 신도보다 건강이 좋지 않을 때 평소보다 기도를 더 많이 하였다.

b. 건강 유지를 위해 하나님 말씀 순종

신도들이 건강 유지를 위해 하나님 말씀을 순종하고 있는지 살펴본 결과는 〈표 25〉와 같이 5점 만점 중 전체 평균이 3.29로, 신도들은 건강 유지를 위해 하나님 말씀을 그다지 순종하고 있지 않은 것으로 나타났다.

〈표 25〉 건강 유지를 위해 하나님 말씀 순종

구 분		N	Mean	SD	t(F)	p
성 별	남	192	3.33	0.85	0.88	0.380
	여	356	3.27	0.85		
연 령	30대 이하	143	2.90	0.82	18.06***	0.000
	40대	103	3.30	0.80		
	50대	158	3.38	0.75		
	60대 이상	144	3.58	0.86		
직 분	평신도	154	2.95	0.91	20.87***	0.000
	집사	272	3.36	0.77		
	권사 이상	122	3.57	0.78		
신앙 경력	모태 신앙	144	3.13	0.90	5.54***	0.000
	1~10년 미만	73	3.21	0.97		
	10~20년 미만	82	3.15	0.76		
	20~30년 미만	90	3.33	0.70		
	30년 이상	159	3.53	0.80		
전체		548	3.29	0.85		

*** $p < .001$

성별로는 남자 신도가 여자 신도보다 건강 유지를 위해 하나님 말씀을 많이 순종하고 있었으나 통계적으로는 유의미한 차이를 보이지 않았다. 연령별로는 연령이 많은 신도일수록 건강 유지를 위해 하나님 말씀을 많이 순종하고 있었으며, 연령에 따라 유의미한 차이를 보였다(F=18.06, p<.001).

직분별로는 권사 이상인 신도가 다른 신도보다 건강 유지를 위해 하나님 말씀을 많이 순종하고 있었고, 평신도는 다른 신도보다 건강 유지를 위해 하나님 말씀을 순종하고 있지 않았으며, 직분에 따라 유의미한 차이를 보였다(F=20.87, p<.001). 신앙 경력별로는 30년 이상인 신도가 다른 신도보다 건강 유지를 위해 하나님 말씀을 많이 순종하고 있었고, 10~20년 미만인 신도는 다른 신도보다 건강 유지를 위해 하나님 말씀을 순종하고 있지 않았으며, 신앙 경력에 따라 유의미한 차이를 보였다(F=5.54, p<.001).

이상과 같이 신도들은 건강 유지를 위해 하나님 말씀을 그다지 순종하고 있지 않았으며, 연령이 많은 신도일수록, 권사 이상 그리고 신앙 경력이 30년 이상인 신도가 다른 신도보다 건강 유지를 위해 하나님 말씀을 많이 순종하고 있었다.

c. 먹을거리에 있어 하나님의 뜻대로 경작을 통한 건강 유지

신도들이 먹을거리에 있어 하나님의 뜻대로 디자인이 된 것을 경작하여 생산하고, 먹고, 건강을 유지하고 있는지 살펴본 결과는 〈표 26〉과 같이 5점 만점 중 전체 평균이 2.81로, 신도들은 먹을거리에 있어 하나님의 뜻대로 디자인 된 것을 경작하여 생산하고, 먹고, 건강을 그다지 유지하지 않는 것으로 나타났다.

성별로는 여자 신도가 남자 신도보다 먹을거리에 있어 하나님의 뜻대로 디자인 된 것을 경작하여 생산하고, 먹고, 건강을 유지하고 있었으나 유의미한 차이는 아니었다. 연령별로는 연령이 많은 신도일수록 먹을거리에 있어 하나님의 뜻대로 디자인 된 것을 경작하여 생산하고, 먹고, 건강을 유지하고 있었으며, 연령에 따라 유의미한 차이를 보였다(F=6.28, p<.001).

직분별로는 권사 이상인 신도가 다른 신도보다 먹을거리에 있어 하나님의 뜻대로 디자인 된 것을 경작하여 생산하고, 먹고, 건강을 유지하고 있었고, 평신도는 다른 신도보다 먹을거리에 있어 하나님의 뜻대로 디자인 된 것을 경작하여 생산하고, 먹고, 건강을 유지하고 있지 않았으며, 직분에 따라 유의미한 차이를 보였다(F=5.75, p<.01). 신앙 경력별로는 30년 이상인 신도가 다른 신도보다 먹을거리에 있어 하나님의 뜻대로 디자인 된 것을 경작하여 생산하고, 먹고, 건강을 유지하고 있었고, 모태 신앙인 신도는 다른 신도보다 먹을거리에 있어 하나님의 뜻대로 디자인 된 것을 경작하여 생산하고, 먹고, 건강을 유지하고 있지 않았으나 신앙 경력에 따른 유의미한 차이는 없었다.

〈표 26〉 먹을거리에 있어 하나님의 뜻대로 경작을 통한 건강 유지

구 분		N	Mean	SD	t(F)	p
성 별	남	192	2.80	0.90	-0.22	0.825
	여	356	2.82	0.92		
연 령	30대 이하	143	2.55	0.83	6.28***	0.000
	40대	103	2.82	0.89		
	50대	158	2.92	0.90		
	60대 이상	144	2.97	0.98		
직 분	평신도	154	2.61	0.88	5.75**	0.003
	집사	272	2.87	0.87		
	권사 이상	122	2.95	1.01		

	모태 신앙	144	2.69	0.89		
	1~10년 미만	73	2.78	0.93		
신앙 경력	10~20년 미만	82	2.72	0.84	1.97	0.098
	20~30년 미만	90	2.86	0.89		
	30년 이상	159	2.96	0.97		
전체		548	2.81	0.91		

** p<.01, *** p<.001

이상과 같이 신도들은 먹을거리에 있어 하나님의 뜻대로 디자인 된 것을 경작하여 생산하고, 먹고, 건강을 그다지 유지하지 않았으며, 연령이 많은 신도일수록 그리고 권사 이상인 신도가 다른 신도보다 먹을거리에 있어 하나님의 뜻대로 디자인 된 것을 경작하여 생산하고, 먹고, 건강을 유지하고 있었다.

d. 건강 유지를 위해 남을 위하는 마음 실천

신도들이 평소에 건강 유지를 위해 남을 위하는 마음을 실천하고 있는지 살펴본 결과는 〈표 27〉과 같이 5점 만점 중 전체 평균이 3.08로, 신도들은 평소에 건강 유지를 위해 남을 위하는 마음을 그다지 실천하고 있지 않은 것으로 나타났다.

〈표 27〉 건강 유지를 위해 남을 위하는 마음 실천

구분		N	Mean	SD	t(F)	p
성별	남	192	3.06	0.85	-0.48	0.629
	여	356	3.09	0.81		

연령	30대 이하	143	2.87	0.92	6.25***	0.000
	40대	103	2.99	0.81		
	50대	158	3.18	0.68		
	60대 이상	144	3.24	0.81		
직분	평신도	154	2.93	0.92	5.50**	0.004
	집사	272	3.09	0.76		
	권사 이상	122	3.25	0.79		
신앙 경력	모태 신앙	144	3.03	0.91	0.84	0.497
	1~10년 미만	73	3.10	0.93		
	10~20년 미만	82	2.98	0.65		
	20~30년 미만	90	3.12	0.76		
	30년 이상	159	3.15	0.79		
전체		548	3.08	0.82		

** $p < .01$, *** $p < .001$

성별로는 여자 신도가 남자 신도보다 평소에 건강 유지를 위해 남을 위하는 마음을 많이 실천하였으나 성별에 따른 유의미한 차이는 없었다. 연령별로는 연령이 많은 신도일수록 평소에 건강 유지를 위해 남을 위하는 마음을 많이 실천하였으며, 연령에 따라 유의미한 차이를 보였다($F = 6.25$, $p < .001$).

직분별로는 권사 이상인 신도가 다른 신도보다 평소에 건강 유지를 위해 남을 위하는 마음을 많이 실천하였고, 평신도는 다른 신도보다 평소에 건강 유지를 위해 남을 위하는 마음을 실천하지 않았으며, 직분에 따라 유의미한 차이를 보였다($F = 5.50$, $p < .01$). 신앙 경력별로는 30년 이상인 신도가 다른 신도보다 평소에 건강 유지를 위해 남을 위하는 마음을 많이 실천하였고, 10~20년 미만인 신도는 다른 신도보다 평

소에 건강 유지를 위해 남을 위하는 마음을 실천하지 않았으나 통계적으로는 유의미한 차이를 보이지 않았다.

이상과 같이 신도들은 평소에 건강 유지를 위해 남을 위하는 마음을 그다지 실천하고 있지 않았으며, 연령이 많은 신도일수록 그리고 권사 이상인 신도가 다른 신도보다 평소에 건강 유지를 위해 남을 위하는 마음을 많이 실천하였다.

e. 건강 유지를 위해 감사하는 마음 실천

신도들이 평소에 건강 유지를 위해 감사하는 마음을 실천하고 있는지 살펴본 결과는 〈표 28〉과 같이 5점 만점 중 전체 평균이 3.66으로, 신도들은 평소에 건강 유지를 위해 감사하는 마음을 실천하고 있는 것으로 나타났다.

성별로는 여자 신도가 남자 신도보다 평소에 건강 유지를 위해 감사하는 마음을 많이 실천하고 있었으며, 성별에 따라 유의미한 차이를 보였다$(t=-2.07, p<.05)$. 연령별로는 연령이 많은 신도일수록 평소에 건강 유지를 위해 감사하는 마음을 많이 실천하고 있었으며, 연령에 따라 유의미한 차이를 보였다$(F=8.65, p<.001)$.

직분별로는 권사 이상인 신도가 다른 신도보다 평소에 건강 유지를 위해 감사하는 마음을 많이 실천하고 있었고, 평신도는 다른 신도보다 평소에 건강 유지를 위해 감사하는 마음을 실천하고 있지 않았으며, 직분에 따라 유의미한 차이를 보였다$(F=9.27, p<.001)$. 신앙 경력별로는 30년 이상인 신도가 다른 신도보다 평소에 건강 유지를 위해 감사하는 마음을 많이 실천하고 있었고, 모태 신앙인 신도는 다른 신도보다 평소에 건강 유지를 위해 감사하는 마음을 실천하고 있지 않았으며,

신앙 경력에 따라 유의미한 차이를 보였다(F=6.03, p<.001).

〈표 28〉 건강 유지를 위해 감사하는 마음 실천

구분		N	Mean	SD	t(F)	p
성별	남	192	3.57	0.84	-2.07*	0.039
	여	356	3.71	0.73		
연령	30대 이하	143	3.40	0.84	8.65***	0.000
	40대	103	3.67	0.73		
	50대	158	3.73	0.74		
	60대 이상	144	3.83	0.71		
직분	평신도	154	3.46	0.85	9.27***	0.000
	집사	272	3.69	0.76		
	권사 이상	122	3.85	0.65		
신앙 경력	모태 신앙	144	3.49	0.85	6.03***	0.000
	1~10년 미만	73	3.59	0.86		
	10~20년 미만	82	3.57	0.80		
	20~30년 미만	90	3.67	0.65		
	30년 이상	159	3.89	0.65		
전체		548	3.66	0.78		

* p<.05, *** p<.001

이상과 같이 신도들은 평소에 건강 유지를 위해 감사하는 마음을 실천하고 있었으며, 여자 신도와 연령이 많은 신도일수록, 권사 이상 인 신도 그리고 신앙 경력이 30년 이상인 신도가 다른 신도보다 평소 에 건강 유지를 위해 감사하는 마음을 많이 실천하고 있었다.

f. 하나님의 말씀에 나타난 건강의 의미 실천 정도

신도들의 하나님의 말씀에 나타난 건강의 의미 실천 정도에 대해 살펴본 결과는 〈표 29〉와 같이 5점 만점 중 전체 평균이 3.29로, 신도들은 하나님의 말씀에 나타난 건강의 의미 실천 정도가 그다지 높지 않은 것으로 나타났다.

〈표 29〉 하나님의 말씀에 나타난 건강의 의미 실천 정도

구분		N	Mean	SD	t(F)	p
성별	남	192	3.24	0.65	-1.03	0.303
	여	356	3.30	0.58		
연령	30대 이하	143	3.02	0.59	15.19***	0.000
	40대	103	3.27	0.59		
	50대	158	3.35	0.54		
	60대 이상	144	3.48	0.62		
직분	평신도	154	3.07	0.64	16.95***	0.000
	집사	272	3.31	0.58		
	권사 이상	122	3.48	0.56		
신앙 경력	모태 신앙	144	3.15	0.67	6.85***	0.000
	1~10년 미만	73	3.21	0.68		
	10~20년 미만	82	3.17	0.55		
	20~30년 미만	90	3.31	0.50		
	30년 이상	159	3.47	0.56		
전체		548	3.28	0.61		

*** $p < .001$

성별로는 여자 신도가 남자 신도보다 하나님의 말씀에 나타난 건강의 의미 실천 정도가 높았으나 유의미한 차이는 아니었다. 연령별로는 연령이 많은 신도일수록 하나님의 말씀에 나타난 건강의 의미 실천 정도가 높았으며, 연령에 따라 유의미한 차이를 보였다(F=15.19, p<.001).

직분별로는 권사 이상인 신도가 하나님의 말씀에 나타난 건강의 의미 실천 정도가 가장 높았고, 평신도는 다른 신도보다 하나님의 말씀에 나타난 건강의 의미 실천 정도가 낮았으며, 직분에 따라 유의미한 차이를 보였다(F=16.95, p<.001). 신앙 경력별로는 30년 이상인 신도가 하나님의 말씀에 나타난 건강의 의미 실천 정도가 가장 높았고, 모태 신앙인 신도는 다른 신도보다 하나님의 말씀에 나타난 건강의 의미 실천 정도가 낮았으며, 신앙 경력에 따라 유의미한 차이를 보였다(F=6.85, p<.001).

이상과 같이 신도들은 하나님의 말씀에 나타난 건강의 의미 실천 정도가 그다지 높지 않았으며, 연령이 많은 신도일수록, 권사 이상인 신도 그리고 신앙 경력이 30년 이상인 신도가 다른 신도보다 하나님의 말씀에 나타난 건강의 의미 실천 정도가 높았다.

4) 하나님의 말씀에 나타난 건강의 의미에 대한 인지도와 실천 정도와의 관계

신도들의 하나님의 말씀에 나타난 건강의 의미에 대한 인지도와 실천 정도와의 관계에 대해 살펴본 결과는 〈표 30〉과 같다.

〈표 30〉 하나님의 말씀에 나타난 건강의 의미에 대한 인지도와 실천 정도와의 관계

구 분	하나님의 말씀에 나타난 건강의 의미 실천 정도
하나님의 말씀에 나타난 건강의 의미에 대한 인지도	0.408*** (0.000)

*** p<.001

〈표 30〉에서 보는 바와 같이 하나님의 말씀에 나타난 건강의 의미에 대한 인지도는 하나님의 말씀에 나타난 건강의 의미 실천 정도와 통계적으로 유의미한 정적 상관관계를 보였다(r=.408, p<.001). 따라서 신도들은 하나님의 말씀에 나타난 건강의 의미에 대한 인지도가 높을수록 하나님의 말씀에 나타난 건강의 의미 실천 정도가 높음을 알 수 있다.

이르시되 너희가 너희 하나님 나 여호와의 말을 들어 순종하고 내가 보기에 의를 행하며 내 계명에 귀를 기울이며 내 모든 규례를 지키면 내가 애굽 사람에게 내린 모든 질병 중 하나도 너희에게 내리지 아니하리니 나는 너희를 치료하는 여호와임이라(출 15:26).

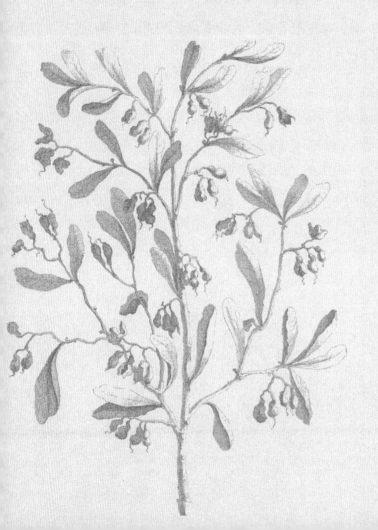

제6장

결론

1. 요약

사람에게 가장 귀한 것은 생명이다. 이 생명을 유지하고 보전하며
사는 길이 건강 관리이다. 사람들은 스스로 건강을 관리하는 지혜도
있어서 건강을 지켜 생명을 누리기도 하지만 또 다른 방법으로 먼저
깨달은 자들이 지혜를 나누어 주어 건강을 돌볼 수 있도록 도와주는
것도 필요하다. 본서는 건강 돌보기가 지혜와 과학적 지식에만 있는
것이 아니라 인간을 창조하신 하나님의 계획과 목적에 따라 디자인하
신 창조 원리와 그 규례와 법도를 지키는 데에 있음을 연구하였다. 그
것이 하나님의 말씀과 관계성이 있으며 중요한 진리이기 때문에 먼저
성경적 근거를 탐구하였다.

1) 성경적 근거

근거가 되는 성경말씀은 창세기 1장 11-12절에 있다. 하나님께서
땅을 창조하시고 말씀하시기를 "하나님이 이르시되 땅은 풀과 씨 맺
는 채소와 각기 종류대로 씨 가진 열매 맺는 나무를 내라 하시니 그
대로 되어." 여기에 "내라"로 번역한 히브리어는 '타데쉬(אַדָשָׁא)'인데
'땅에서 솟아올라 오라', '땅 위로 움 돋아 나오라'는 뜻이다. 이 단어
는 명령형 언어로 하나님이 명령하사 땅에서 솟아올라 오게 되었다는
의미이다.

다음은 12절에 "땅이 풀과 각기 종류대로 씨 맺는 채소와 각기 종
류대로 씨 가진 열매 맺는 나무를 내니 하나님이 보시기에 좋았더
라." 여기에 "내었다"는 말은 히브리어로 '토제(אֵצוֹתַ)'이다. 이 단어는
사역형 동사인 히필 동사이다. 땅이나 혹은 누가 솟아올라 오도록 하
여서 땅에 담겨 있는 것을 밖으로 나오도록 하였다는 뜻으로 '내었다'
는 의미이다. 그것은 하나님께서 사람을 창조하시고 그런 문화 활동
을 하도록 하셨다(창 1:26-28)는 것을 의미한다. 그리고 하나님은 에덴동
산을 만드시고 거기에 사람을 두셨고 땅에서 솟아올라 오게 하도록
경작(ﬤﬤﬤ)(창 2:15)하게 하셨다.

또한 하나님은 창세기 1장 29-30절에 씨 뿌려 농사하여 거둔 채소
(בֶשֶׁע), 과일(עֵץ יִרְפּ), 곡식(ﬔﬖ)을 먹을거리(양식)로 주셨다. 이 말이 '조레아 제
라(ﬖﬖﬖ ﬖﬖﬖ)'이다. 이렇게 하나님께서 디자인하셔서 창조하시고, 경작한
것으로 먹고, 에너지를 보충하며 살아서 생명을 보존하고 유지하며
번성하도록 하셨다. 이 말씀대로 하나님의 계획과 목적을 따라 주신
규례와 법도를 듣고(ﬖﬖﬖﬖ), 배우고(ﬖﬖﬖﬖ), 지켜(ﬖﬖﬖﬖ), 행하면(ﬖﬖﬖﬖ) 반드시 복

을 받아 가난한 사람이 없고 건강하며 풍요로우며 생명을 누리는 행복한 삶을 살게 된다. 그러므로 인간의 건강은 하나님의 말씀과 함수 관계, 즉 절대로 끊을 수 없는 관계가 있음을 발견하게 된다.

2) 학자들의 문헌 연구

신학자들의 견해는 하나님이 명하신 땅을 경작하는 것은 1차 산업 활동으로 풍성하게 생산하여 풍요로우신 하나님의 뜻을 따라 생명과 건강을 누리는 것이다. 그러므로 하나님의 일은 교회 안에서만 하는 것이라고 생각하면 안 된다. 땅을 만들어 주시고 경작하라는 그 명령을 수행하는 것도 믿음으로 순종하는 하나님의 일이다. 사람이 건강을 누림과 생명을 유지하는 일 그리고 건강을 돌보는 일은 아름다운 일이며 하나님의 명하신 일이라 할 수 있다. 이것을 영성 신학에서 보면 하나님의 뜻을 따르는 일이며 중요한 일이다. 왜냐하면 그것이 생명을 유지하는 일이기 때문이다. 인간은 하나님께서 창조하신 계획과 목적을 따라서 살 때 행복하게 되고 풍족한 삶을 이룰 수 있다.

의학자들의 견해는 인체의 구조와 기능과 질병을 다루며, 생명을 다루는 일에서 월렉의 연구 결과 인간의 생명과 건강, 죽음 모두가 영양 문제라고 주장한다. 이 영양 결핍으로 인하여 질병이 생기고 결국 죽는다. 암이라는 무서운 질병도 초록색 채소 결핍과 영양부족으로 온다고 한다. 식물에 존재하는 파이토케미칼이 체내 독소를 배출시켜 건강하도록 하나님께서 창조하신 설계와 경작 활동으로 얻어지고 구강으로 먹어 생명과 건강이 유지하게 되었음을 발견하게 되었다.

식품공학적 견해에서 보면 창세기 1장 29-30절에 하나님이 주신 먹을거리 음식, 식료품에는 미생물이 있다. 그 미생물을 발효시켜서 식료품에 있는 미생물을 증폭시켜서 구강으로 먹으면 그 미생물, 유산균이 몸에 들어가서 생명유지에 큰 역할을 하는 것을 발견하게 되었다.

의학자들에 의하면 우리 사람의 배 속에 3조 개의 미생물이 아군으로 역할하며 살고 있는데, 그것이 나이가 들면서 몸 밖으로 나가기 때문에 몸이 약해진다는 것이다. 이 미생물을 증폭시켜서 즉 발효시켜서 먹게 하면 미생물 증원군이 되어 모든 질병을 이기는 놀라운 것을 발견하게 된다.

화학자들의 견해를 살펴보면 우리 생명체에 필요한 에너지는 탄수화물이다. 이 탄수화물은 태양에서 오는 광합성작용, 암반응작용, 탄소동화작용에 의해 탄수화물이 만들어지고 그것을 뿌리, 채소 잎, 열매, 줄기에 저장하여 그것을 사람이 먹을거리로 얻게 됨으로 생명이 유지보존 되는 것을 알게 되었다.

3) 농사와 산업 연구

하나님의 창조하심을 보면 중요한 것은 생명이며 생명이 살도록 하는 것이 생명 산업이다. 생명이 보존되고 지탱하는 것은 사람의 책임이다. 그래서 바이오산업, 생명 산업, 생명공학 산업으로부터 미생물과 발효기술과 의약품 개발까지 농산물을 생명을 위한 농업으로 개발해야 한다. 그리고 문제되는 화학비료 사용과 농약 사용과 유전자 조작으로 생명에 해를 끼치는 것을 지양하고 유기농업과 효소 농사로 생명에 유익하도록 생산해야 한다. 필자는 이와 더불어 경영에서 경제개발을 하는 방향으로 경작해야 하는 것을 찾게 되었다. 이것이 하나님께서 명하신 창조 질서로 생명을 위한 산업을 주신 뜻이다. 이것을 선교지에서 실행하여 가난을 극복하고 건강 돌보기로 생명이 유지되게 하고 풍성한 삶을 사는 길로서 말씀과 건강의 관계성을 실험하여 풍성하고 생명력이 있는 삶을 살게 하는 길을 찾게 되었다.

4) 리서치 조사 연구

이러한 말씀과 건강의 관계성을 교회 안에 사는 사람들이 목회 활동을 통해 들은 말씀을 삶에서 얼마나 깊은 관계성을 가지고 살고 있는지 조사하였다. 그것은 신앙의 연수가 낮은 젊은 층에서는 관계성이 깊지 않는 것으로 조사되었다. 그러나 신앙의 연수가 오래된 집사나 권사 그리고 장로가 된 이들은 말씀의 훈련을 많이 받아서 건강이 하나님의 말씀과 깊은 관계가 있음을 믿고 있고, 그 말씀을 지키고 행하여서 건강을 유지하고 있다고 응답하였다.

말씀에 나타난 건강의 의미에 대한 인지도와 실천 정도의 관계는 통계적으로 유의미한 상관관계를 보였다($r=408, p\langle001$). 그 결과, 신도들은 하나님의 말씀에 나타난 건강의 의미에 대한 인지도가 높으며 높을수록 하나님의 말씀에 나타난 건강의 의미 실천 정도가 높음을 알 수 있다. 그러므로 성도에게 말씀을 강해할 때 건강에 대한 인지도를 높이기 위해서 하나님께서 디자인하신 창조와 그 입장을 따르는 말씀을 많이 강해하며 건강과 생명을 유지하는 길을 가르쳐야 할 것으로 보인다.

2. 제언

필자는 하나님의 말씀에서 생명의 기원을 찾았고, 그 생명을 유지하고 누리는 일 그리고 행복하게 사는 길이 하나님의 뜻하신 계획과 목적에 따라 규례와 디자인이 된 법도를 지키고 행하는 것임을 알 수 있었다. 이에 필자는 말씀을 따라 사는 생명을 누림과 건강 돌보기를 창조과학적 탐구로 그 관계성을 더 깊이 연구하여 예수님이 치유해 주듯이 목회와 선교 현장에서 적용해 복음 증거의 수단으로 발전시켜 지기를 제언한다.

또한 하나님의 디자인을 따르는 생명과학과 생명공학적 산업은 성경적인 깊은 관계성이 있음을 연구하기를 제언한다.

목회에서도 실천적 적용에 대한 가이드가 연구되어 성도가 상시적으로 건강에 대한 지혜와 지식을 습득하고 실천하도록 통찰력을 알려주는 연구를 할 것을 제언한다. 선교지에서 선교사 돌보기와 동시에 선교지의 문화에 적응하는 건강 돌보기가 적용되어 생명을 누리도록 해야 하고 가정의 주부들이 건강이 과학이나 의학에서만이 아니라 하나님의 말씀에서 하나님의 디자인적 지식과 만나 실천하게 하는 일이 연구되기를 제언한다.

참고 문헌

1. 국내서

강병로 편.『호크마 종합주석』제16권. 서울: 기독지혜사, 2000.

권명상 외 28인 공저.『자연과학』. 서울: 생능출판사, 1999.

권영한.『약이 되는 산야초』. 서울: 전원문화사, 1993.

김연중 외 2인 공저.『농식품 분야 생명 산업 현황 및 발전 방향』. 서울: 한국농촌 경제연구원, 2012.

김영수.『먹으면 치료가 되는 음식 672』. 서울: 학원사, 1995.

김재길, 신영철.『최신 약용식물 재배학』. 서울: 남산당, 1992.

김종인 외 3인 공저.『원예학 개론』. 서울: 농민문화사, 2007.

김철영.『산나물. 들나물』. 서울: 전원문화사, 1994.

김철현.『구약신학』. 서울: 성광문화사, 1994.

김하연 외 인 공저.『이스라엘 연구(제 1권 1호)』. 서울: 한국이스라엘학회, 2009.

김회권.『하나님 나라 신학의 관점에서 읽는 모세오경 I』. 서울: 대한기독교 서회, 2005.

남재현.『생활 습관이 병을 만든다』. 서울: 조선일보 사, 2001.

대천덕.『목회자 하기 신학세미나 강의집(연세대학교 제4회)』. 서울: 연세대학교 출판부, 1984.

류기종.『기독교 영성(영성 신학의 재발견)』. 서울: 도서출판 열림, 1994.

맹용길.『기독교 윤리와 생활문화』. 서울: 쿰란출판사, 1993.

_____.『현대 사회와 생명윤리』. 서울: 쿰란출판사, 1993.

문희석.『구약석의 방법론』. 서울: 대한기독교출판사, 2002.

박흥.『영성신학(그리스도 영성의 두 모형)』. 연세대학교 제4회 목회자 하기 신학세미나 강의집. 서울: 연세대학교 출판부, 1984.

박동현.『예언과 목회 9권』. 서울: 비블리카 아카데미, 2009.

_____.『예언과 목회(I)』. 서울: 한국장로교출판사, 1997.

_____.『예언과 목회(III)』. 서울: 한국장로교출판사, 1995.

박세준.『이것이 근본의학이다』. 서울: 우성지도출판, 2012.

박완희. 이호득 촬영,『한국의 버섯』. 서울: 교학사, 1999.

박재환.『어느 과학자의 생명이야기』. 서울: 쿰란출판사, 2012.

박현신.『미셔날 프리칭』. 서울: 예영 커뮤니케이션, 2012.

배경식.『경건과 학문』. 서울: 한국장로교출판사, 2002.

성재모 외 2인 공저.『버섯 학(Mushroom Science)』. 서울: 교학사, 1998.

손봉호.『현대정신과 기독교적 지성』. 서울: 성광문화사, 1978.

손상묵.『유기농업(참 먹을거리 생산의 이론과 기술)』. 서울: 향 문화사, 2007.

송위진.『선진국 생명 산업 혁신체계의 구조변화에 관한 연구』. 서울: 과학기술정책연구원, 2000.

신성복.『하나님이 주신 선물 성경과 약초』. 서울: 미네모아, 2003.

심상국 외 5인 공저.『발효식품학』. 서울: 도서출판 진로, 2010.

심영근·이상무 공저.『새로 쓴 농업 경영학 이해』. 서울: 삼경문화사, 2003.

유진열.『21세기 현대신학』. 서울: 대한기독교서회, 2010.

유태영.『이스라엘 국민정신과 교육』. 서울: 이스라엘 문화연구원, 1986.

윤숙자.『굿모닝 김치』. 서울: 한림출판사, 2006.

이길상.『성서에서 본 식생활과 건강법』. 서울: 기독교문사, 1993.

_____.『성서에서 본 자연치유력과 건강법』. 서울: 기독교문사, 1992.

이후정 외 1인 공저.『기독교의 영적 스승들(기독교 사상 시리즈 2)』. 서울: 대한기독교서회, 1991.

이희승.『국어대사전』. 서울: 민중서관, 1978.

임번삼.『잃어버린 생명나무를 찾아서(상)』. 서울: 도서출판 두란노, 2002.

_____.『잃어버린 생명나무를 찾아서(하)』. 서울: 도서출판 두란노, 2002.

임원순.『하늘의 뜻을 너희에게 전하노라』. 서울: 지구촌선교출판사, 1992.

조선일보.『당신의 건강을 이렇게 지켜라. 서울: 조선일보사, 1994.

조재영 외 7인 공저.『한국농업개론』. 서울: 향문사, 1994.

차준희.『구약신앙과의 만남』. 서울: 대한기독교서회, 2002.

창조과학회 편.『자연과학』. 서울: 생능출판사, 1999.

최종진.『구약성서개론. 서울: 도서출판 소망사, 2007.

최진규.『약이 되는 우리 풀. 꽃. 나무 Ⅰ』. 서울: 한문화, 2008.

_____.『약이 되는 우리 풀. 꽃. 나무 Ⅱ』. 서울: 한문화, 2008.

한국공해문제연구소 편.『내 땅이 죽어간다』. 서울: 일원서각, 1983.

한홍의.『김치, 위대한 유산』. 서울: 도서출판 한울, 2010.

허성갑.『히브리어 직역 구약성경』. 서울: 말씀의 집, 2009.

홍문화 외 21인 공저.『당신의 건강을 이렇게 지켜라』. 서울: 조선일보사,
    1994.

_____ 외 2인 공저.『현대인의 생활한방』. 서울: 생활한방연구소, 1997.

_____ 외 3인 공저.『강정비방』. 서울: 생활한방연구소, 1997.

_____.『홍문화 박사의 건강 교실(약이 되는 식물)』. 서울: 청림출판사,
    1988.

황성주.『암은 없다』. 서울: 청림출판사, 2009.

2. 번역서

Anderson, Bernhard. *Understanding the Old Testament*. 강성열 외 1인 역.『구약성
    서 이해(상)』. 서울: 크리스챤다이제스트, 1994.

Baab. Otto. J. *The Theology of the Old Testament*. 박대선 역.『구약성서신학』. 서
    울: 대한기독교서회, 1970.

Castel Francois. *The History of Israel and Judah*. 허성군 역.『이스라엘과 유다의
    역사』. 서울: 한국장로교출판사, 1994.

Cohen A. Dr. *Everyman's Talmud*. 원웅순 외 1인 역.『탈무드(Ⅱ)』. 서울: 한
    국기독교 문학연구소 출판부, 1979.

Conn Harvie M. *Eternal Word and Changing Worlds*. 최정만 역. 『영원한 말씀과 변천하는 세계』. 서울: 기독교문서선교회, 1994.

Ellul Jacques. *La Subversion du christianisme*. 자크 엘룰 번역위원회. 『뒤틀려진 기독교』. 서울: 도서출판 대장간, 1991.

Gates William H. *Business@The Speed of Thought*. 안진한 역. 『빌 게이츠@생각의 속도』. 서울: 정림출판사, 1999.

Henry's Matthew. *Matthew Henry's Commentary*. 이기문 역. 『매튜헨리 요약주석(창세기.출애굽기.레위기)(Ⅰ)』. 서울: 기독교문사, 1985.

Hiebert Panl G. *Incarnational Ministry*. 안영권 외 1인 역. 『성육신적 선교 사역』. 서울: 기독교문서선교회, 2004.

Kraft. Charles H. *Appropriate Christianity*. 김요한 외 1인 역. 『말씀과 문화에 적합한 기독교』. 서울: 생명의 말씀사, 2007.

Litchfield Bruce. *Let's Stand up Straight*. 김성준 역. 『하나님께 바로 서기』. 서울: 도서출판 예수전도단, 2000.

Naisbitt John. *Megatrends*. 서문호 역. 『제4의 물결』. 서울: 도서출판 원음사, 1989.

Rheenen Gallyn Van. *Missions*. 홍기영 외 1인 역. 『선교학 개론』. 서울: 도서출판 서로사랑, 2003.

Rice Howard. *Reformed Spirituality*. 황성철 역. 『개혁주의 영성』. 서울: 기독교문서선교회, 1995.

Richard Joseph. *The Spirituality of John Calvin*. 한국칼빈주의 연구원 역. 『칼빈의 영성』. 서울: 기독교문화사, 1997.

Rifin Jeremy. *Entropy*. 김용정 역. 『엔트로피(Ⅰ)』. 서울: 원음출판사, 1985.

Sachs Jeffry D. *The End of Poverty*. 김현구 역. 『빈곤의 종말』. 서울: 21세기 북

스, 2009.

Salatin Joel. *The sheer Ecstasy of Being a Lunatic Famer*. 윤영훈 역. 『미친 농부의 순전한 기쁨』. 서울: RHK, 2012.

Stallter Thomas M. *Understanding people who see the World differently than you do*. 박시경 역. 『사역을 위한 문화 인류학』. U.S.A: Grace Theological Seminary. DI 802, 2011.

Stott John R.W. *The contemporary Christian*. 한화룡 외 1인 역. 『현대를 사는 그리스도인』. 서울: 한국기독학생회출판부, 1997.

_____. *Authentic Christianity*. 정옥배 역. 『진정한 기독교』. 서울: 한국기독학생회출판부, 1997.

Teevan John. *Mission and 2/3 World Economic Development.MI 611*. 선교와 2/3세계 경제개발 강의록, 2012.

Thielicke Helmut. *How The World Began*. 이진희 역. 『세상이 어떻게 시작되었는가』. 서울: 컨콜디아사, 1984.

Toffler Alvin and Heidi Totter. *Revolutionary Wealth*. 김중웅 역. 『부의 미래』. 서울: 정림출판사, 2006.

Toffler Alvin. *Power Shift*. 이계행 역. 『권력이동』. 서울: 한국경제신문사, 1991.

_____. *Future Shock*. 윤종혁 역. 『미래의 충격』. 서울: 한마음사, 1981.

_____. *The Third Wave*. 김태선 외 1인 역. 『제3의 파도』. 서울: 홍익사, 1981.

Van Til. Henry. *The Calvinistic Concept of Culture*. 이근삼 역. 『칼빈주의 문화관』. 서울: 성암사, 1979.

Von Rad Gerhard. *Theologie Des Alten Testaments*. 허혁 역.『구약성서신학』1권. 서울: 분도출판사, 1976.

Witham Larry. *By Design*. 박희주 역.『생명과 우주에 대한 과학과 종교논쟁 50년』. 서울: 혜문서관, 2009.

Wlallach Joel. *Dead of Doctors Don't Lie*. 박철우 역.『죽은 의사는 거짓말하지 않는다』. 서울: 도서출판 꿈의 의지, 2005.

船瀬俊介. 抗ガン劑で殺される: 抗ガン劑の闇を撃つ. 김하경 역.『항암제로 살해당하다(Ⅰ)』. 서울: 중앙생활사, 2008.

3. 외국서

Berkhof, Louis. *Systematic Theology*. London: The Banner of Truth Trust, 1971.

Brown, Francis ; Driver R. ; and Briggs, Charles. *A Hebrew and English Lexicon of the Old Testament*. New York: Oxford University press. Oxford London Glasgow, 1977.

Davidson, Benjamin. *The Analytical Hebrew and Chaldee Lexicon*. London: Samuel Bagster & Sons LTD, 1974.

_____. *Old Testament Text: Bibia Hebraica Stuttgartensia, Second edition Amended. 1979*. all rights reseyed by The Bible Socity in Israel, 1991.

Dyck, Corneliusj. *An Introduction to Mennonite History*. Pennsylvania Wateeloo. Ontario: Herald press, 1991.

Rickerson, Wayne E. *How to Help the Christian Home*. California: U.S.A. Advison of G/L Publications Glendale, 1978.

4. 논문

김근영. "한국농어촌 미자립교회에 관한 연구." 미간행석사학위논문. 장
　　로회신학대학대학원, 1989.

심창근. "영성 훈련이 신앙생활에 미치는 영향에 관한 연구." 미간행 박
　　사학위논문. U.S.A. Grace Theological Seminary, 2011.

이성로. 자립선교 가능하다. 박사학위논문. U.S.A. Grace Theological
　　Seminary. 2013. 경기: 중국지로, 2013.

한경호. "대한예수교장로회총회 농어촌 선교사." 미간행석사학위논문.
　　장로회신학대학신학대학원, 1988.

5. 신문과 잡지

"The pursuit of Happiness." *TIME*, 9 July 2013.

"What to Eat Now." *TIME*, 12 September 2011.

Townes Charles. 「신 창조론」. http://Creation.or.kr/library/print.
　　asp?210.3700.2013. 0702.

"간." 「주간조선」 제1833호 별책 부록.

"논란의 항암제 넥시아 프라운드." 「주간 조선」. 2013년 5월 6일.

박재갑. "암 극복할 수 있다." 「주간 조선」. 2004년 9월 16일.

「성지연구원저널」 제3집(2011. 가을), 서울: 장로회신학대학교 성지연구
　　원.

"심장병을 이기자." 「주간 조선」. 1909호. 별책 부록.

"암 치료제."「주간 조선」. 2004년 9월 30일.

"월간 건강 요법과 자연식."「선데이 경향」2002.1.1.

"왜 생명신학인가?."「월간 목회」제444호(2013. 8), 서울: 월간목회사.

조선일보. 2013. 3. 20. http://cafefiles.naver.net /2010.0519_91/ikhipy-
　　　12742276181796TgCD-ipg/%BB%FD...2013-04-03.

하용조. "Inter-design 99 Seoul. 기조 강연."「월간 디자인」. 1999. 8월.

6. 백과사전

국어국문학회 감수.『새로 나온 국어대사전』. 서울: 민중서관, 2001.

『세계백과 대사전』. 교육도서 제10권. 서울: 교육도서출판, 1990.

이희승.『국어대사전』. 서울: 민중서관, 1978.

〈하나님 말씀과 건강의 관계에 관한 설문지〉

이르시되 너희가 너희 하나님 나 여호와의 말을 들어 순종하고 내가 보기에 의를 행하며 내 계명에 귀를 기울이며 내 모든 규례를 지키면 내가 애굽 사람에게 내린 모든 질병 중 하나도 너희에게 내리지 아니하리니 나는 너희를 치료하는 여호와임이라(출 15:26).

설문지

안녕하십니까?

바쁘신 가운데도 시간을 할애해 주신 데에 대해 깊은 감사를 드립니다. 귀하의 솔직한 답변은 매우 중요한 연구 자료가 될 것이며, 설문지는 무기명으로 통계 처리되며 순수한 연구목적으로만 이용할 것을 약속드립니다.

바쁘신 중에도 설문지 답변에 도움을 주신 데 대해 깊은 감사를 드립니다.

2013년 10월 연구자 이성로 드림

Ⅰ. 다음은 인구통계학적 특성을 묻는 질문입니다. 해당사항에 O표 해 주십시오.

1. 귀하의 성별은?

① 남   ② 여

2. 귀하의 연령은?

① 30대   ② 40대   ③ 50대

④ 60대   ⑤ 70대 이상

3. 귀하의 직분은?

① 목사   ② 전도사   ③ 권사

④ 집사   ⑤ 평신도

4. 귀하의 신앙 경력은?

① 모태 신앙   ② 1-5년 미만   ③ 5-10년 미만

④ 11-20년 미만   ⑤ 21-30년 미만   ⑥ 30년 이상

5. 귀 교회의 신도 수는?

① 30명 미만   ② 30-50명 미만   ③ 50-70명 미만

④ 70-100명 미만   ⑤ 100-300명 미만   ⑥ 300명 이상

Ⅱ. 다음은 건강에 대한 인식을 묻는 질문입니다. 귀하의 의견과 일치한다고 생
   각하는 곳에 O표 해 주십시오.

6. 귀하의 현재 건강 상태는 어떠하다고 생각하십니까?

① 아주 건강하다   ② 건강한 편이다

③ 그저 그렇다   ④ 건강하지 못하다

⑤ 아주 건강하지 못하다

7. 귀하는 평소 심신의 피로감을 어느 정도 느끼십니까?

① 항상 느낀다   ② 많이 느낀다

③ 가끔 느낀다   ④ 별로 못 느낀다

⑤ 전혀 못 느낀다

8. 귀하는 평소 건강에 대한 관심도가 어느 정도라고 생각하십니까?

① 매우 많다   ② 많다

③ 보통이다   ④ 적다

⑤ 전혀 관심이 없다

9. 귀하는 건강에 대해 어느 정도 잘 알고 있다고 생각하십니까?

① 매우 많이 알고 있다   ② 많이 알고 있다

③ 보통이다   ④ 잘 모르고 있다

⑤ 전혀 모르고 있다

10. 귀하는 평소에 건강관리를 어떤 방법으로 하고 계십니까?

① 운동을 한다   ② 충분한 휴식 및 수면을 취한다

③ 건강식품을 섭취한다   ④ 의약품을 복용한다

⑤ 정기적으로 건강검진을 받는다   ⑥ 기타

Ⅲ. 다음은 하나의 말씀에 나타난 건강의 의미에 대해 귀하의 인식을 묻는 질문입니다. 귀하의 의견과 일치한다고 생각하는 곳에 O표 해 주십시오.

11. 현대 사회를 살아가는 우리는 하나님과의 단절로 물질적, 사회적, 영적, 정신적으로 육체적으로 병들어 신음하면서 고통에 떨고 있다에 대해 어떻게 생각하십니까?

① 매우 그렇다　　　　　② 그렇다　　　　　③ 보통이다
④ 그렇지 않다　　　　　⑤ 전혀 그렇지 않다

12. 질병이란 하나님의 법을 어겨 하나님의 지배를 벗어난 전인적인 인간과 그를 둘러싼 모든 관계의 단절이다에 대해 어떻게 생각하십니까?

① 매우 그렇다　　　　　② 그렇다　　　　　③ 보통이다
④ 그렇지 않다　　　　　⑤ 전혀 그렇지 않다

13. 구원이란 신체적인 건강, 안녕, 안전을 의미한다에 대해 어떻게 생각하십니까?

① 매우 그렇다　　　　　② 그렇다　　　　　③ 보통이다
④ 그렇지 않다　　　　　⑤ 전혀 그렇지 않다

14. 성경대로 살아가는 건강법으로 암을 이길 수 있다에 대해 어떻게 생각하십니까?

① 매우 그렇다　　　　　② 그렇다　　　　　③ 보통이다
④ 그렇지 않다　　　　　⑤ 전혀 그렇지 않다

15. 신체적으로 건강해지기 위해서는 먼저 영적으로 건강해야 한다에 대해 어떻게 생각하십니까?

① 매우 그렇다   ② 그렇다   ③ 보통이다

④ 그렇지 않다   ⑤ 전혀 그렇지 않다

16. 건강한 삶을 영위하는 것은 하나님을 영화롭게 할 뿐 아니라 인간관계를 온전하게 한다에 대해 어떻게 생각하십니까??

① 매우 그렇다   ② 그렇다   ③ 보통이다

④ 그렇지 않다   ⑤ 전혀 그렇지 않다

17. 신체적으로 건강해지기 위해서는 먼저 영적으로 건강해야 한다에 대해 어떻게 생각하십니까?

① 매우 그렇다   ② 그렇다   ③ 보통이다

④ 그렇지 않다   ⑤ 전혀 그렇지 않다

18. 귀하는 하나님의 말씀에 나타난 건강의 의미에 대해 어느 정도 잘 알고 있다고 생각하십니까?

① 매우 많이 알고 있다   ② 많이 알고 있다   ③ 보통이다

④ 잘 모르고 있다   ⑤ 전혀 모르고 있다

Ⅳ. 다음은 하나의 말씀에 나타난 건강의 의미 실천을 묻는 질문입니다. 귀하의 의견과 일치한다고 생각하는 곳에 O표 해 주십시오.

구 분	전혀 그렇지 않다	그렇지 않다	보통 이다	그렇다	매우 그렇다
19. 나는 건강이 좋지 않을 때 평소보다 기도를 더 많이 하는 편이다.					
20. 나는 건강유지를 위해 하나님 말씀을 순종하고 있다.					
21. 나는 먹을거리에 있어서 하나님의 뜻대로 디자인된 것을 경작하여 생산하고, 먹고, 건강을 유지하고 있다.					
22. 나는 평소에 건강유지를 위해 남을 위하는 마음을 실천하고 있다.					
23. 나는 평소에 건강유지를 위해 감사하는 마음을 실천하고 있다.					

지금까지 응답해 주셔서 깊은 감사를 드립니다.

부록

1. 코쎄르의 정의

생명 현상은 먹음의 활동이다.

살아 있는 동물도 먹는다.

살아 있는 사람도 먹는다.

양자의 차이는 무엇을 먹는가의 차이이다.

어떻게 먹는가의 차이이다.

어떤 방식으로 요리해서 먹는가의 차이이다.

어디서 먹는가의 차이이다.

누구와 먹는가의 차이이다.

무슨 이야기를 나누며 먹는가의 차이이다.

사람과 사람 사이에도 다소 먹음의 차이가 있다.

이를 조금 고상하게 말하면 구별해서 먹는다는 말이다.

구별해서 먹을 때 성경은 거룩하게 먹는다고 말한다.

먹을 때도 거룩하게 먹어야 한다고 생각하는 한 민족이 있으니.

유대인이다. 왜? 성경에 그렇게 쓰여 있기 때문이다.

유대인들이 음식을 구별해서 먹어야 한다는 말씀(성경)에 따라 랍비들이 세부적인 실행 규정을 만들게 되었다. 이를 히브리어로 '코셰르(כשר)' 영어로 '코셔(kosher)'라고 부른다. 그래서 흔히 유대인의 음식을 '코셰르(코셔)'라고 한다.

그러나 '코셰르'란 단어 자체가(종교적인) '유대인의 음식'이라는 말은 아니다. '코셰르'란 단어는 '합당함, 적당함(fitness)'이란 뜻이다.

음식 외에도 기준에 합당할 때 '코셰르'란 단어가 사용된다. 헬스클럽을 '휘트니스 센터(Fitness Center)'라고 한다. 히브리어로도 '마르카즈 코셰르', 문자 그대로 '휘트니스 센터'이다. '육체를 적당하게 만드는 곳' 하나님의 말씀과 그의 해석 규정에 합당한 음식, 그것이 '코셰르' 음식이다

2. '코셰르(코셔)' 음식과 개념

유대인의 음식 규정을 히브리어로 '코셰르(כשר)', 영어식 발음으로 '코셔(kosher)'라고 한다. 히브리어로 '코셰르'는 '(어떤 기준. 규정에) 합당함, 적당함'이란 뜻을 갖고 있다. 따라서 '코셰르'란 히브리어는 반드시 유대인의 음식 규정만을 의미하는 것은 아니다. 심지어 유대인들만의 공동묘지도 '코셰르 무덤'이라고 부른다. 랍비 규정에 합당한 공동묘

지라는 뜻이다. 그런데, '코셰르'란 단어가 음식 규정을 가리키는 대명사처럼 사용되면서, '코셰르'하면 '유대인의 음식 규정'으로 쓰이고 있음이 사실이다.

'코셰르' 음식이 되기 위해서는 크게 두 가지 조건에 충족해야 한다. 첫째, 음식 재료가 '코셰르'여야 한다. 쇠고기는 '코셰르'이지만 돼지고기는 '코셰르'가 아니다. 둘째, '코셰르'가 아닌 동물에서 생산된 것도 '코셰르'가 아니다. 타조는 코셰르가 아니다. 따라서 타조알도 '코셰르'가 아니다. 셋째, 재료가 '코셰르'여도 조리 방식이나 먹는 방식이 '코셰르'가 아니면 '코셰르' 음식이 아니다. 예컨데 쇠고기와 우유는 양자가 '코셰르' 품목이다. 그런데 고기와 우유를 함께 조리하거나 고기와 우유를 함께 먹으면 코셰르 규정에 어긋난다.

유대인의 음식 규정으로서의 '코셰르'는 기본적으로 성경의 말씀에 기초하여 랍비들에 의하여 구체화된 것이다. 여기서 일일이 어떤 음식이 '코셰르'냐는 것을 나열하는 것은 매우 어렵다. 주후 7세기 이후에 유대인들은 전 세계로 흩어졌고 따라서 중동 지역만 아니라 유럽, 아프리카, 미주, 아시아의 중국이나 인도에 이르기까지 전 세계의 흩어진 곳에서 유대인들이 먹는 음식의 종류도 다양해졌고 그에 따라 코셰르 품목도 달라질 수밖에 없었다. 예컨데 인도 출신 유대인들에게는 카레는 빼놓을 수 없는 음식이 되었다. 이는 성경과 랍비 규정에 의하여 들어가는 요리 재료와 요리 방식에 어긋나지 않는 한 '코셰르' 음식이 될 수 있을 것이다.

따라서 코셰르와 관련하여 세세한 품목을 일일이 나열하기보다 '코셰르'의 일반적인 원칙을 알면 음식 재료가 '코셰르'에 해당한지 않는지 구별할 수 있다. 따라서 여기서는 원칙에 따르더라도 '코셰르' 품목인지 아닌지 구분하기 어려운 것만 주목하고자 한다.

3) 동물과 코셰르

a. 짐승의 경우 굽이 갈라지고 새김을 하여야 한다(레 11:3-7)

코셰르 고기는 '굽이 갈라지고 새김질을 하는 동물'의 고기여야 한다. 이 기준에 합하는 대표적인 짐승이 소이다. 돼지는 굽이 갈라졌으나, 새김질을 하지 않으므로 코셰르 동물이 아니다. 낙타는 새김질(반추 反芻)은 하나(엄격한 의미에서 완전반추동물이 아니라 유사반추동물) 굽이 갈라지지 않아서 코셰르가 아니다. 코셰르가 아닌 동물에서 생산된 음식, 즉 낙타 젖도 코셰르가 아니다.

b. 물에 사는 생물의 경우는 비늘과 지느러미가 있어야 한다(레 11:9-12)

이 기준에 따라, 조개류와 갑각류(게, 새우, 랍스터 등) 그리고 낙지, 문어 등의 연체동물 등은 코셰르가 아니다. 상어는 지느러미가 있으나 비늘이 없으므로 코셰르가 아니다. 코셰르가 아닌 상어 알, 즉 캐비어와 상어 지느러미도 코셰르가 아니다. 고등어는 비늘이 없는 것 같으나 자세히 보면 작은 비늘이 있고 지느러미도 있으므로 코셰르이다.

c. 조류 중에서 코셰르를 분류하는 기준은 없으나 일반적으로 맹금(猛禽)류는 코셰르가 아니다(레 11:13-19 참조). 또한 타조, 까마귀, 박쥐(박쥐는 새가 아니다) 등도 코셰르가 아니다. 타조가 코셰르가 아니므로 타조 알도 코셰르가 아니다.

d. 곤충 중에서 먹을 수 있는 곤충은 다리가 있어서 뛸 수 있는 곤충이다. 메뚜기, 베짱이, 귀뚜라미, 팥중이 종류이다. 그러면 벌은 코셰르인가? 당연히 아니다. 날기는 하지만 뛰지는 못하기 때문이다. 그러면 꿀도 코셰르가 아닌가? 꿀은 예외이다. 엄격하게 말해서 꿀은 벌이 생산한 것이 아니라 벌이 꽃에서 채취한 것이다. 따라서 벌은 코셰르가 아니나 꿀은 코셰르이다.

4) 식물과 코셰르

식물(곡물, 채소, 과일)의 경우는 특별한 경우가 아니면 금지품목이 아니다. 이를 코셰르 '파르바(ㅡㅡ)'라고 하는데, 중성적이라는 의미이다. 따라서 대부분의 곡물, 채소, 과일은 코셰르 규정에 어긋나지 않는다.

3. 코셰르의 핵심

미국에서 코셰르 음식이 건강식품으로 각광받고 있다고 한다. 하나님은 택한 백성의 건강을 염려해서 먹을거리를 구별하시고, 또 어떻게 먹을 것인지에 관한 규정을 주신 것인가? 중세의 유명한 유대 철학가, 주석가요 의사였던 마이모니데스(1135-1204년: 흔히 '람밤'으로 불린다)에 의하면 '그렇다.' 그는 성경에서 금지하는 먹을거리는 무엇이든지 우리 몸에 해롭기에 그러하며, 허용한 먹을거리는 몸에 이롭기에 그러하다고 하였다.

이에 대해 다소 다른 의견을 제시한 유대인 학자는 흔히 '람반'이라고 불리는 나흐마니데스(1194-1270년)이다. 그에 의하면 유대인이 코셰르가 아닌 음식을 먹게 될 때 입게 되는 해는 육체에 대한 것이 아니라 영혼에 대한 것이라고 주장한다. 그는 코셰르가 아닌 새의 특징 중의 하나는 그 새들이 맹금류(예컨대, 독수리나 매)인데 반하여 코셰르인 새들(예컨대, 닭, 오리, 비둘기 등)은 맹금류가 아니다. 코셰르가 아닌 새, 곧 맹금류를 먹는 것은 사람의 영혼에 영향을 미쳐서 사람의 성격을 야만적이고 사납게 한다는 것이다. 동물의 피를 먹지 말라(레 3:17, 7:26, 17:12; 신 12:23 등 참고)고 한 것도 이와 같은 맥락에서 이해된다는 것이다.

양자의 견해는 모두 일리가 있으나, 궁극적인 이유에 대한 답은 성경이 말해 주고 있다.

> 내가 전에 너희에게 이르기를 너희가 그들의 땅을 기업으로 받을 것이라 내가 그 땅 곧 젖과 꿀이 흐르는 땅을 너희에게 주어 유업을 삼게 하리라 하였노라 나는 너희를 만민 중에서 구별한 너희의 하나님 여호와이니라 너희는 짐승이 정하고 부정함과 새가 정하고 부정함을 구별하고 내가 너희를 위하여 부정한 것으로 구별한 짐승이나 새나 땅에 기는 것들로 너희의 몸을 더럽히지 말라 너희는 나에게 거룩할지어다 이는 나 여호와가 거룩하고 내가 또 너희를 나의 소유로 삼으려고 너희를 만민 중에서 구별하였음이니라(레 20:24-26).

결국 코셰르의 핵심은 구별이요, 거룩이다. 이것이 2천 년간 나라 없이 떠돈 한 민족의 정체성을 유지시키고 하나의 나라로 재결집시킨 동력들 중의 하나였음을 부인하기 어렵다. 그리스도 안에서 '그의 소유'가 된 그리스도인들의 정체성 역시 '구별됨', '거룩함'이다(벧전 2:9).

4. 코셰르의 기본 규정

비행기 안에서 나의 옆 좌석에 앉은 젊은 유대인이 기내식을 되돌리며 굶고 있는 걸 본 적이 있다. 미리 코셰르 음식 신청을 하지 않은 까닭이다. 코셰르를 지키는 유대인들에게는 여행의 제한이 있다. 이들이 유대인 식당이 없는 지역으로 여행하기가 쉽지 않다. 그런 경우에는 커다란 이민 가방을 코셰르 음식으로 채운다. 아니면 아예 풀과 과일로 때우면 코셰르 규정에 크게 어긋나지 않는다.

첫 번째 음식의 제한에 관한 규정은 홍수 이후 고기를 먹게 되면서부터 생겨난 것이기 때문이다.

하나님은 노아의 홍수 이전의 사람들과 모든 움직이는 생명체에게는 "모든 푸른 풀을 먹을거리"로 주셨다(창 1:29-30). 사람에게는 다른 모든 피조물과 같이 오직 채식만 허용이 되었다. 이런 규정이 아담과 하와 이후로 열 세대 동안 계속되다가 노아가 홍수 후에 방주를 떠나면서 사람에게 고기가 먹을거리로 주어진다.

> 모든 산 동물은 너희의 먹을 것이 될지라 채소 같이 내가 이것을 다 너희에게 주노라(창 9:3).

모든 산 동물이라고 했으니, 이때에는 아마도 돼지고기도 먹을 수 있었을 것이다. 소위 모든 인류에게 적용되는 노아의 7계명에 따라 해석을 하면(무슨 고기든 먹되) 고기를 피째 먹지 말라는 것이었다(창 9:4).

두 번째 음식의 제한 규정은 특별히 이스라엘 백성에게 주어진다.

야곱의 이야기에 보면 천사가 야곱과 밤새도록 씨름했는데, 천사가 그를 칠 때 야곱의 환도뼈가 탈골된다. 창세기 32장 33절에 보는 것처럼 그때부터 이스라엘 백성들이 환도뼈(기드 하나쉐, גיד הנשה)를 먹지 않게 된다.

세 번째 음식의 제한 규정은 출애굽 이후 모세의 시내 산 언약에 따라 수여된 율법에 따라 생겨나게 된다.

레위기 11장(신 14장 참조)에 의하면 먹을 수 있는 정한 동물(코셰르 동물)과 먹을 수 없는 부정한 동물(비-코셰르 동물)로 나뉜다. 굽이 갈라지고 새김질하는 동물은 전자, 두 가지 조건 중의 하나라도 충족하지 못하면 후자, 즉 부정한 동물로 규정하고 있다. 돼지는 굽이 갈라져 있기는 하나 새김질을 하지 못하여 안타깝게도(?) 전자 그룹에 속하지 못하고 말았다.

이상의 고기 규정과 관련하여 코셰르에 관한 세 개의 기본적인 규정이 있다.

첫째, 이상과 같이 고기 자체가 코셰르 동물의 것이어야 한다.

둘째, 코셰르 동물이라 하더라도, 도살 전에 이미 죽었거나 상처를 입었거나 병든 동물은 먹지 못한다.

> 너희는 내게 거룩한 사람이 될지니 들에서 짐승에게 찢긴 동물의 고기를 먹지 말고 그것을 개에게 던질지니라(출 22:31).

셋째, 이상의 조건에 합당한 동물을 도살법('슈키타' ~~~~, 법)에 따라 도살하여야 한다. 코셰르 규정에 따라 동물을 도살하는 전문적인 도살자를 '쇼케트(~~~~)'라고 한다. 피를 제거해야 하고, 환도뼈(기드 하나쉐)를 제거하는 것은 전문적인 기술이 필요하다. 이 쇼케트는 코셰르의 책임을 지고 있는 랍비의 감독을 받는다. 랍비는 쇼케트가 쓰는 칼을 점검하기도 하는데, 날이 무딘 것은 사용이 금지가 된다. 날이 무딘 칼이 사용될 경우에 도살되는 동물이 고통을 받게 되어서 제의적으로 도살되지 못했다고 간주되며 그래서 코셰르가 아니게 된다. 이는 유대교가 인도주의적인 측면이 있음을 보여 준다. 코넬대학에서 조사한 바에 따르면 유대교의 슈키타에 따른 도살이 가장 인도주의적인 방법이라고 한다.

5. 코셰르와 고기

성경은 코셰르와 관련하여 인류에게 고기가 먹을거리로 주어진 때가 노아 홍수 이후라고 보도한다. 이 이야기가 시사하는 바는 무엇일까. 인간이 자신의 생명을 위하여 다른 생명을 죽일 수밖에 없는 환경에 처하게 되었다는 말이 아닐까. 피는 '생명'이지만 그것이 정상적으로 흘러갈 통로, 혈관을 벗어난 피는 그 자체가 공포요 또 다른 '죽음'을 부르는 살의의 충동이다. 그래서 다른 생명의 살을 먹지 않을 수 없는 그 어떤 환경에서 하나님은 차선책으로 '(그렇다면) 먹되 피채 먹지는 말라'고 하신 것으로 추론해 볼 수 있을 것이다. 혈관을 벗어난 피는 더 이상 '생명'이 아니라 '죽음'을 부르는 충동이기에 이로부터 멀어지도록 '피를 먹지 말라'고 했다면, 또한 여기에는 다른 생명을 존중하라는 함의가 내재되어 있다고 볼 것이다.

"…염소 새끼를 그 어미의 젖으로 삶지 말지니라(출 23:19, cf. 출 34:16; 신 14:21)"는 말씀은 그 어미 앞에서 새끼를 잡을 때 어미의 찢어지는 고통을 헤아리라는 말씀이며, 새 알을 취하기 전에 어미 새를 쫓아 버려라(신 22:6)는 규정 역시 사람이 느끼는 고통과 동물이 느끼는 고통 사이에 차이가 없다는 점을 깨우치며 '생명에 대한 경외의 가르침'을 주신 것으로 볼 수 있다.

예부터 유대인들은 고기와 우유를 같이 먹지 않는다. "염소 새끼를 그 어미의 젖으로 삶지 말지니라"는 말씀 때문이다. 호텔 저녁 식사에는 커피도 나오지 않는다. 저녁 식사 메뉴에 고기가 나오는데, 커피를 내놓으면 우유를 탈 가능성이 농후하기 때문이다. 고기를 먹은 후 맛있는 아이스크림을 후식으로 먹고 싶은 데, 바로 먹을 수 없다. 고기가 소화가 될 때까지 기다려야 된다. 랍비들은 여섯 시간을 소화를 위해 기다려야 한다고 보았다. 그런데 독일과 프랑스의 랍비들은 고기를 먹은 후 세 시간만 기다려도 된다고 한다. 탈무드에는 각 나라의 관습에 따라서 시간을 달리할 수 있다고 말한다. 그런데 우유제품을 먼저 먹었을 경우에는 소화가 좀 더 빨리 되기 때문에 보통 한 시간 반 정도를 기다린 후에 고기를 먹어도 되는 것으로 규정하고 있다. 그러나 이게 끝이 아니다. 유제품을 먹은 다음에 한 시간 반을 기다렸다고 하더라도 고기를 먹기 위해서는 먼저 입가심을 해야 한다.

내가 유대인이라면, 이런 불편을 피하기 위해서라도 고기 섭취를 대폭 줄이겠다(채식주의자로 살겠다는 말은 아니고). 그러면 결과적으로 지구 온난화 문제에도 작게나마 기여하게 될 것이다. 흔히 지구 온난화의 주범으로 이산화탄소를 지목하지만, 실제 주된 원인은 메탄가스이다. 같은 농도의 이산화탄소와 메탄가스라면 후자는 전자보다 20배 내지 30배로 지구 온난화에 영향을 미친다고 한다. 소 한 마리가 방귀와 트림으로 배출하는 메탄가스는 연간 47kg인데, 이를 이산화탄소로 환산하면 1,109kg이다.

한편 자동차 한 대가 연간 배출하는 이산화탄소는 4,700kg이다. 소 4.2마리는 자동차 한 대에 맞먹는 온실효과를 만들어 낸다. 금년 1월 27일 독일 라스도르프의 한 지역 농장에서 젖소가 배출한 방귀 메탄가스로 폭발이 일어나 축사 지붕이 날아가는 사고가 발생했다. 90마리에 달하는 젖소들의 방귀로 축사에 메탄가스가 가득 찼고 정전기가 발생해 폭발이 일어났던 것이다. 장차 소들과 양들의 메탄가스로 지구의 지붕이 날아가지 않을까 염려된다.

사람들이 고기를 탐하다 보니 좀 더 빠른 시간에 육류 공급의 필요성이 생겼고 좁은 축사에 못 먹을 사료를 공급하다 보니 광우병 사태도 발생했다(우리 모두가 코셰르를 지키는 유대인이 아니더라도). **최소한의 육류 섭취로 돌아갈 때, 메탄가스 발생도 줄이고 이왕 먹힐 운명이지만 소들을 방목하여 '행복하게 살 동물권'을 보장하는 생명 존중의 삶을 살 때 저들은 우리에게 살아 있는 먹을거리로 보답할 것이다.**

6. 코셰르와 음식 규정

랍스터, 고급 디너의 대명사 캐비어, 상어 지느러미 스프 등은 물론, 우리에게 익숙한 오징어 덮밥, 미더덕이 들어간 아구찜, 여름내

일에 지친 황소가 두 마리만 먹으면 벌떡 일어난다는 산낙지, 바다의 산삼이라는 굴, 조개가 듬뿍 들어간 시원한 해물칼국수, 곰장어 구이, 해삼, 멍게, 새우튀김, 가을 몸보신에 좋은 추어탕, 메기 매운탕 등. 생각과 침이 동시에 솟아나는 음식들이 아닌가. 그러나 유대인들에게는 그림의 떡이다.

오직 지느러미와 비늘이 있는 해산물만 코셰르 규정에 합당한 음식으로 규정하고 있기 때문이다.

> 물에서 움직이는 모든 것과 물에서 사는 모든 것 곧 강과 바다에 있는 것으로서 지느러미와 비늘 없는 모든 것은 너희에게 가증한 것이라 (레 11:10).

그러면 고등어는 코셰르인가? 이에 대한 답을 얻기 위한 보조 질문을 하자면 "고등어는 유교의 제사상에 오르는가?" 답은 "오르지 못한다."이다. 왜? 비늘이 없기 때문이다. 재미있는 것은 유교의 제사음식에도 비늘이 없는 생선은 포함되지 못한다는 사실이다(*그러나 참고로 돔배기-간을 한 상어고기[상어는 비늘이 없다]-는 지역에 따라 예외이다.). 비늘이 무엇인지 인터넷에 검색해 보니 "어류의 비늘은 피부를 보호하고 외부의 세균의 침입을 막는 역할을 한다."고 한다. '물의 온도를 감지하는 역할과 작은 소리를 들을 수 있는 청각 기능'이 있는데, (물고기) 몸속의 물이 밖으로 새나가지 못하게 하고 또 밖의 물이 몸속으로 들어오지 못하도록 하는 갑옷의 역할을 한다.

그렇다면 비늘이 없는 생선들은 비늘의 기능을 무엇으로 대신하는가? 더 두꺼운 껍질 – 뱀장어나 상어껍질을 생각해 보라– 로 대신한다. 비늘의 기능적인 측면 때문에 비늘이 생선의 정함과 부정함을 선별하거나 유교의 제사상에 올릴 수 있는 여부를 결정하는 기준이 되지 못함을 알 수 있다.

그렇다면 왜 성경과 유교에서조차 비늘 있는 생선인가? 형식을 중시하는 유교적인 관점에서 추론해 보면, 물속에서 사는 생물이라도 육지 동물에 해당하는 사지(四肢), 즉 팔, 다리(지느러미)를 갖추고 나름의 의관(비늘)을 갖추어야 일종의 '양반 생선'으로 본 것이 아닐까. 성경적 관점에서 보면(말씀에 담긴 하나님의 뜻을 추론해 보면), "너희들, 거룩한 백성으로 살아가려면 식욕부터 다스려라, 실패한 너희 조상처럼 눈에 보기에 '먹음직도 하고 보암직도' 하다고 해서(창 3:6) 입과 코로 욕구가 자극되는 데로 살지 말라. 구별해서 먹어라. 먹고 싶다고 욕구대로 충동적으로 먹지 말라. 그것이 거룩의 출발이다."

오늘 하나님이 하늘에서 내려다보시며 가라사대, "'라면 상무'도 기본 욕구, 곧 식욕과 관련된 처신을 잘 못해서 '기업의 별'을 달았다가 떨어졌고, '4 스타'도 입의 욕구를 잘 다스리지 못해 추락했지 않았나!"

식욕을 다스리는 것이 모든 욕구 절제의 기본이다. 유대인은 자기 수신(修身)의 수련을 밥상에서 시작한다. 거룩한 삶의 출발이 밥상이다. 하나님은 자신이 택한 백성들이 제사장 나라의 사명을 감당할 자기 절제의 훈련을 밥상머리에서부터 시키고자 하신 것이다. "하나님이 창조하신 모든 것이 선한데 못 먹을 게 무엇이냐. 욕구(식욕) 당기는 데로 먹으면 그만이지." 그러다가 망한 자가 '에서'이다.

성경에서 먹음의 문제는 단순히 웰빙(well-being) 식단의 문제도 아니요, 미식(美食)의 문제도 아니다. 자기 소욕에 옳은 대로 행하는 인간 본성, '예쩨르'의 통제 문제이다. "(음식) 구별해서 먹어라." 이는 거룩의 문제인 동시에 "식욕을 다스려라," "너 자신을 다스려라"의 문제이다. 이것이 성경 중에서 제일 읽기 고단한 레위기, 그중에서 음식 규정에 담긴 하나님의 뜻이리라.

고등어 이야기로 돌아가서 그러면, 고등어는 코셰르인가? '비늘이 없다'는 이유로 유교의 제사장에 오르지 못하니까 '코셰르가 아니다'라는 답이 목구멍까지 올라올 것이다. 그러나 유교의 생각은 유교의 생각이고 성경의 생각은 성경의 생각이다. 정답은 '코셰르'이다. 고등어는 잡히는 순간에 비늘이 상실된다고 한다. '오메가 3'가 풍부한 등 푸른 생선의 대명사, 고등어가 코셰르란 사실에 유대인들이 다소 위안 받을 일이다.

7. 코셰르와 세례 요한

광야의 식탁은 외롭다. 없던 시절에는 입에 풀칠을 하느냐가 문제이고, 풀칠 수준을 벗어나면 무얼 먹느냐로 관심이 이동한다. 한 단계 업그레이드 된 먹음의 관심사는 어디서 먹느냐이다. 그런데 먹음에 있어서 가장 중요한 문제는 누구랑 무슨 얘기를 하면서 먹느냐 하는 것이다.

세례 요한의 식탁은 어렸을 때부터 외로운 식탁이었을 것으로 보인다. 외로운 광야의 식탁이었기 때문이다. "아이가 자라며 심령이 강하여지며 이스라엘에게 나타나는 날까지 빈 들에 있으니라."는 누가복음 1장 80절의 말씀과 "하나님의 말씀이…사가랴의 아들 요한에게" 임하여 "요단 강 부근 각처에 와서 죄 사함을 받게 하는 회개의 세례를 전파"할 때까지 그는 "빈 들"에 있었다는 누가복음 3장 2-3절의 말씀을 비춰볼 때, 그는 어린 시절부터 "빈 들" 곧 "유대 광야"에서 살았음을 추론할 수 있다. 그런데 어찌 어린 아이가 유대 광야 곧 '허허벌판'에서 혼자 살 수 있겠는가. 유대 광야에 자리 잡고 있던 쿰란 공동체에 입양되어 살았다는 사실을 "아이가 자라며…빈 들에 있으니라"고 표현한 것으로 볼 수 있다. 독신생활을 고집하였던 엣세네파의 경우 입양이나 서원을 통해 공동체의 다음 세대를 이어갔다. 요세푸스에 따르면, 엣세네파는 "다른 사람의 자녀를, 그들이 아직 유순할 때 입양하여…그들을 그의 방식으로 양육한 것으로 알려지고 있다(전쟁사 2.8.2.120)." 세례 요한의 부모가 연로했던 점을 고려하면(눅 1:7), 그는 조실부모(早失父母) 했고 따라서 어릴 때 엣세네파인 쿰란 공동체에 입양되었다고 추론해 볼 수 있다.

아이들이 부모님과 쫑알거리며 온갖 질문과 대답으로 이어지는 식탁 풍경이 유대인의 식탁 분위기이다. 그러나 평시에도 쓸데없는 말을 하면 벌점을 받는 쿰란 공동체의 식탁 분위기는 달랐다. 엄숙과 고요 속에 들리는 음식 삼키는 소리 그러나 세례 요한을 견디지 못하게 한 것은 이런 외형적인 엄숙과 경건이 아니라, 쿰란 공동체 자체만이 종말론적 구원 공동체라는 폐쇄성이었을 것이다.

그가 쿰란 공동체를 뛰쳐나와 "회개하라 천국이 가까이 왔다"는 회개의 선포와 세례 사역을 시작했을 때, 그를 기다리는 식탁의 메뉴는 메뚜기와 석청(야생꿀)이었다고 한다(마 3:4; 막 1:6). 요한의 식탁에는 '땅 위의 동물'과 '물속의 생물' 중에는 아무 것도 없고 '하늘을 날아다니는 날개 있는 것' 뿐이었다. '날개 있는 것'은 새와 곤충이다. 그런데 요한의 식탁에는 새 종류의 먹을거리(닭고기와 메추라기 등)조차 없고, 곤충과 곤충의 몸에서 나온 산물(꿀) 뿐이었다. 매우 가난한 식탁이었음을 알 수 있다. 그러면 메뚜기와 꿀은 '코셰르'인가?

대부분의 날아다니는 곤충은 먹는 것이 금지된다. 여기에는 파리, 벌, 모기 그리고 대부분의 메뚜기가 포함이 된다. 그런대 예외적으로 몇 종류의 메뚜기는 성경에서 먹을 수 있는 것으로 규정하고 있다. 예를 들어서 곤충의 경우에는 "날개가 있고 네 발로 기어 다니는 곤충 중에 그 발에 뛰는 다리가 있어서 땅에서 뛰는 종류"는 먹을 수 있다. 메뚜기 종류, 귀뚜라미 종류, 베짱이 종류, 팥중이 종류 등(레 11:21-22).

위의 규정에 의하면 메뚜기는 '코셰르'이다. 메뚜기를 히브리어로 '카루브'라고 한다. 그런데 쥐엄 열매도 '카루브'이다. 그래서 실제 요한이 먹은 것은 쥐엄 열매(영어로 carob)라는 주장도 있다. 그러나 쥐엄나무는 물이 거의 없는 유대광야에서 자생하지 않으므로 세례요한이 쥐엄 열매를 먹었을 가능성은 거의 없다고 보인다.

그럼 꿀은 어떤가? 꿀은 벌의 몸에서 나온다. 벌은 코셰르가 아니다. 코셰르의 원칙에 따르면, 코셰르가 아닌 생물의 몸에서 나온 것은 코셰르가 아니다. 낙타는 코셰르가 아니므로 낙타의 젖은 코셰르가 아니다. 돼지의 몸에서 나온 돼지기름이나 가죽도 코셰르가 아니다. 그런데 꿀은 가나안의 7대 작물 중 하나이며, '가나안 땅'을 '젖과 꿀이 흐르는 땅'으로 표현할 정도로 풍요의 대명사가 아닌가. 만일 코셰르의 원칙에 따르자면 꿀도 코셰르가 아닐 터이다. 그러나 랍비 규정은 꿀을 코셰르에 포함시키고 있다. 꿀은 벌의 몸에서 생산되는 것이 아니라 꽃의 넥타에서 나온 것이라는 이유에서다. 그래서 벌꿀은 코쉐르의 일반적인 규정에서 크게 벗어난 것이라고는 볼 수 없다는 것이다.

한편 세례 요한이 먹었던 꿀은 벌꿀이 아니라 대추야자 꿀이라는 견해도 있다. 유대광야의 여리고는 "종려나무(대추야자) 성읍(신 34:3; 삿 3:13)"으로서 많은 대추야자의 산출지인데 반해, 광야에는 벌이 살지 않기 때문이라는 것이다.

광야의 식탁은 외롭다. 그런데 세례 요한의 초라한 식탁에 비해 숲 속 정자 으리한 식탁에서 먹는 우리들의 영혼이 외로운 건 왜인가?

8. 코셰르 - 아담의 죽음

사람의 정신체계(mentality)는 한두 번의 슬로건으로 형성되거나 바뀌지 않는다. 그래서 반복을 강조한다. 신명기 6장 4절 이하의 소위 슈마(쉐마)-"이스라엘아 들으라(슈마 이스라엘: שְׁמַע יִשְׂרָאֵל)"-교육의 핵심도 반복이다. "집에 앉았을 때에든지 길을 갈 때에든지 누워 있을 때에든지 일어날 때에든지" 반복해서 가르치라는 것이다.

인생에서 가장 많이 반복되는 일은 먹는 일이다. 먹음은 일, 즉 식사(食事)요 삶이다. 일상의 모든 삶은 먹음과 연관이 된다. 오죽하면 "다 먹자고 하는 짓이다."라는 말이 나올까. 그래서 예수님도 지극히 일상적인 삶에서 우리와의 동행을 식사(食事)로 표현하고 있다.

내가…그와 더불어 먹고 그는 나와 더불어 먹으리라(계 3:20).

왜 먹는가? 살려고 먹는다. 그런데 창세기는 인류의 첫 사람이 먹는 일로 망했다고 말한다. 선악과 식사(食事)의 신학적, 철학적, 영적인 의미를 떠나서 분명한 것은 먹고 망했다는 사실이다. 살려고 먹는데 그 먹음의 결과가 죽음이라면 아이러니하다.

이러한 아이러니와 관련해서 하나님은 시내 산에서 먹어야 할 것과 먹지 말아야 할 것을 지정해 주셨다.

레위기와 신명기에서 나열된 메뉴판에 담긴 하나님의 또 다른 뜻은 무엇일까? 하나님이 지정해 주신 메뉴를 분석해 보니 '웰빙(well-being)' 음식이라거나 건강식품과 비건강식품으로 정확히 구분된다는 식의 순전한 '인간적인 해석'을 넘어서 시내 산 메뉴판에 담긴 하나님의 뜻은 무엇일까.

인생에서 가장 많이 반복되는 일, 식사(食事) 법에 담아 놓은 하나님의 강조는 '밥'을 먹는 것을 넘어서 '말씀'을 먹으라는 것일 터이다. 아담이 선악과를 먹어서 죽었다고 한다. 죽음의 동인(動因)이 '선악과'라는 메뉴 자체 때문인가? 선악과를 먹는다고 왜 죽는가? 선악과가 사과인지 복숭아인지 모르겠지만 선악과 그 자체에 영혼을 죽이는 독성이 내재돼 있었던 건 아닐 성 싶다. '먹지 말라'는 명령을 거역하고 '자기 소견에 옳은 데로' 먹는, 소위 '자기 욕구'대로 살아감, 그것이 독성일 터이다.

첫 사람 아담의 죽음은 선악과를 먹어서 죽은 것이라기보다, '먹지 말라'는 '하나님의 말씀'을 먹지 않아서 죽은 것이다. 그래서 유대인의 음식 규정 '코셰르'는 '먹지 말라'는 '그분의 말씀'을 먹어야 산다는 것을 날마다 되새기는 반복 교육이다.